圖解天圓地方

作者 周春才

從河圖洛書到當代思辨

導言

中華文化的「正名」

本書名為《圖解天圓地方》，其中以「天圓地方」象徵整個中華文化。在此，「中華文化」的範疇是廣義的，包括文化、哲學和科學。因為就中華文化的規模與尺度而言，它們不應是彼此無關的堆砌。

簡體版書名定為《天圓地方——中華文化的百年之癢》「癢」，是借用人體受刺激時需要搔癢，但又無法搔到的那種感覺，這裡指在對中華文化進行定義時，必須解決但尚未解決的問題。

何以稱「天圓地方」概念為「中華文化的百年之癢」呢？因為在「百年」之前，這一概念在中華文化中是一個不證自明的真理，而不是「古人的局限」。就是說，只是在近百年前後，當中西文化不期而遇之際，「天圓地方」才叫我們坐臥不寧起來。即：「天圓地方」如果真的是「古人的局限」，那麼以此作為基礎，中華文化的「博大精深」又該作何解釋？

搔癢有「隔靴」與「脫靴」之分，很多事實表明，以現行的標準來判斷「天圓地方」是否為「古人的局限」，就是一種姑妄用之的「隔靴」之法，因為它讓我們把中西兩種不同的文化混為一談，然後在它們常常是並行不悖的情況下猶如雞同鴨講，各說各話。

「脫靴」的法則要求我們溯本求源，首先回到問題產生的上游，在文化的選擇機制和世界觀、宇宙觀與方法論中尋求答案。

大量的考古事實表明，起碼五千年前後的新石器時代晚期，在「天人合一」的背景下，「天圓地方」觀念就已形成。在本書和其他作品中，作者曾多次證明，「天圓地方」一開始就是指其功能，而非結構。正是這種以功能作為取向的選擇機制，為《易經》的誕生奠定了堅實的物質基礎，也給出了可供我們操作的依據。

就世界觀來說，《易經》認為宇宙興衰的功能完全出於自然，人類作為其中的一分子，只能自覺地效法這一功能，而無能出其外。

因為唯其如此，人類關於心靈寧靜與完整的最初動機與最終目的，才能得到保障。

從方法論而言，《易經》是一個以勾股定義為支點，用時間和空間為坐標，將萬事萬物按其功能（而非具象結構）統一起來的邏輯體系。

與還原論形成對照，整體論的原則決定了其著眼點只能是「功能」，而不是「結構」。在中華文化中，結構始終是缺省的，同樣是唯其如此，才能確保事物的自然屬性不被破壞，從而使其自發地達到存在和發展的最佳狀態。

比如《易經》中的「乾、坤、巽、震、坎、離、艮、兌」符號，是對具象的「天、地、風、雷、水、火、山、澤」的功能歸納；中醫中的「心為君主之官，脾為倉廩之官」等等，是對五臟功能的總體把握；中藥中的「寒涼溫熱、升降沉浮」之說，是對動植物、礦物等物質的功能概括，並賦予了這些功能時間和空間的屬性。而在文化範疇內，戲劇中的虛擬、國畫的寫意，也無不是對事物表象和具象結構所作的功能描述。

為此，特別提出「天工開物」與「人工開物」原則，用以界定中西文化的不同特徵（參見本書的第一節和第三節），以及證明我們現在所稱的「現代科學」只是「科學」總目下的一個子科學，即「實證科學」。與之相對，還有一個起碼能讓我們稱之為「子科學」的另一種「科學」——「辯證科學」。

就形式的完美和邏輯的嚴謹而言，中華文化是一個完成了理論建樹的文化，在整體論原則下，它設法「發展」，也不可能「過時」，而只能繼承和應用（參見本書第九節）。承認這一點，比起認為「西方文化是所有文化的歸宿」、「現代科學是唯一科學」的唐突性要小得多。因為中國是一個負有人類使命的國家，在「進步與發展」的本能行為之餘，還要為人類的前途提出可供抉擇的文化預案。

既然在一個足夠大的尺度中，文化一定是由科學派生的，那麼「天人相分」與「天人合一」相比，無論如何都只是一種非常態的短期行為，而這種非常態的短期行為所派生的價值觀，只能是一種「有限價值觀」，不具備它所宣稱的「普遍意義」。

為此，我將以儒家學說為主流的中華文化，定義為「為我們提供了一個在『家』裡解決問題的方案」，即一個關於「和諧」的原型和理論（參見本書第十一節）。

希望對本書所列問題的釐清，能夠有助於恢復我們的文化自覺性，重塑民族的自尊與自信，從而喚醒和提升整個中華文化的核心論述力。

本書的主要觀點，散見於我所編繪的其他作品中，在這些作品的序言中，得到過中國科學院陳可冀院士、中醫藥大學季少良教授、中醫研究院楊力教授、原北京針灸學院副院長王岱教授、清華大學思想文化研究所原所長錢遜先生、彭林教授等資深專家和學者的首肯和鼓勵。

在本書的成書過程中，得中國社科院哲學所研究員劉長林、趙汀陽兩位先生之指導與幫助。劉先生關於中華文化中具有方法論意義的「象」理論研究，趙先生對中華文化中「天下」理念具有國家哲學高度的闡釋，可謂高屋建瓴，使我受益良多，在此深表謝意。

限於本書的篇幅，本書需要展開的部分章節和內容，將放置到網頁上供大家指正（相關網址為：http://blog.sina.com.cn/u/1276843175）。

2007年4月20日

目錄

導言 ／3

「抱甕丈人」——中華文化的形象代言人 ／10

一、天圓地方——中華文化的百年之癢 ／21

中國哲學、文化如何被與科學割裂開來？ ／28

「天圓地方」在科學意義上是否具有合法性？ ／33

還原論與整體論（實證科學與辯證科學） ／35

中華文明屬於「生態文明」而非「農業文明」 ／37

「天工開物」與「人工開物」 ／39

「天圓地方」是中華文化、哲學的基礎，也是科學的基礎 ／49

「天圓地方」概念的最早證明 ／57

「天圓地方」是怎樣被誤讀的？ ／62

二、中國傳統建築何以不用一只釘子？ ／72

「洛書」與「魯班鎖」 ／72

三、為什麼說河圖、洛書是整個中華文化的解釋系統與推理系統？ ／80

「天圓地方」與《易經》 ／80

「象」與「功能」 ／89

「八卦」就是對萬物功能的歸納　／94
「陰陽」是如何成「數」的？　／99
「五行」是怎樣為「理」的？　／105
作為模型的「河圖」與「洛書」　／109
黃河是怎樣出「圖」的？　／111
「大衍之數」架構起來的時空模型　／124
「先天八卦」是如何產生的？　／127
洛水是怎樣出「書」的？　／134
何謂「後天八卦」？　／139

四、為什麼說太極圖是自然譜系的實錄？　／142

五、「李約瑟猜想」的破解　／148
「四大發明」在中國辯證科學中的地位　／148

六、我們看得見、摸得著的一切是從何而來的？　／158
「宣夜說」與中國的宇宙發生學　／158

七、為什麼有經絡，並且唯獨中國人發現了它？　／168
經絡的發現證明了中國辯證科學作為一個體系是無可替代的　／168

八、中華文化中的「同身寸」現象　／184
中醫是如何定量的？　／184

九、華夏文明何以具有終極意義？ ／194

中華文化是一個完成了理論建樹的文化　／194

十、「文化的核心論述力」從哪裡來？ ／208

何謂「文化的核心論述力」？　／208

十一、儒家為我們提供了一個在「家」解決問題的方案 ／210

「家」與「禮」　／210

「恭喜發財」聲中的文化預期　／220

十二、中華文化何以強調「敬天法祖」？ ／224

在一個大的尺度時空中，「天人相分」對「天人合一」而言，無論如何都是一種短期行為　／224

為什麼要「敬天」？　／225

為什麼要「法祖」？　／228

結語 ／238

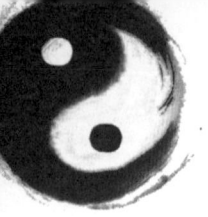

「天圓地方」概念的澄清，將使我們不僅擁有「才子」、優美的文章與眾多的「智叟」，更能擁有哲學、思想，以及作為文化核心的論述力量。

「抱甕丈人」
——中華文化的形象代言人

所謂「形象代言人」，一般是指商家為了將某一產品推向市場，或者為了使某一項公益事業引起人們足夠的重視，所邀請的一位形象氣質與其所代言的產品或公益事業相符的影視明星。
有時他們之間也未必真的相關，只要他或她足夠青春亮麗，能吸引大家的眼球就行了。
?
但是當我們也這麼如法炮製，把「抱甕丈人」推舉為中華文化的形象代言人時，可能已經為自己惹上了一身的麻煩了。

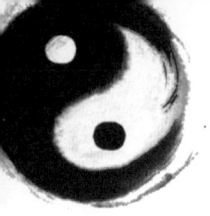

因為星移斗轉，世事變遷，當初莊子筆下特立獨行的「抱甕丈人」，如今卻成了「因循守舊」、「抱殘守缺」，以及「阻礙我們進步與發展」的替罪羊了！

但是當我們將其引領至中華文化的自身特點：比如在航天飛船的幫助下，大家一致認定，肯定大地是圓的情況下，我們卻堅持說它是方的，並且這並不是為了抬槓；或者中國的祖先到底憑藉什麼「有所為」和「有所不為」的時候，我們相信一定能把自己從這場糊塗官司中擇善出來。

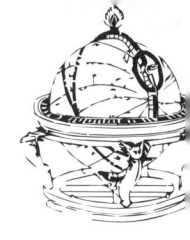

就是說，當我們的目的是澄清一種文化，而不是盲目地、不管青紅皂白地弘揚或反對一種文化時，這樣做可能並非「不合時宜」，同時也不會因此而阻礙了我們的「進步與發展」。反過來，假如我們不把「抱甕丈人」作為中華文化的代言人，或者不恢復莊子塑造這一形象的本來意義，那麼在釐清我們的民族自身面目、恢復我們民族自覺性的道路上，可能會走得更為辛苦，更加無法弄清我們的本來面目到底是什麼，或者不是什麼。也就是說，我們將永遠跟著西方人一起，也認定自己是「神祕的」。

神祕的中華文化！

為此，我們將從世界觀與方法論的視角，把它放到邏輯的，甚至終極意義的大尺度空間中來討論它。

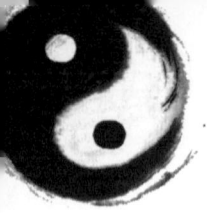

「抱甕丈人」本來生活在《莊子・天地》篇中，最先與其結緣的是孔子的學生子貢。在此，莊子戲謔性地賦予了子貢「愚公移山」故事中「智叟」那樣的喜劇人格。

子貢到南方的楚國遊歷，返回晉國時，車子行至漢水南岸，遠遠看到一位老人正在菜園裡整地開畦，挖地道通到井下，抱著陶甕取水澆園，十分吃力，但收效卻不大。

子貢不由得走上前去，說：「我知道一種叫做桔槔的器械，一天可以灌溉一百個菜畦，有事半功倍之效，敢問您老人家可願意採用此法？」

子貢接著便不厭其詳地向老人講述了桔槔這種器械的製作與使用方法。

不料老人聽後卻忿然作色，譏笑道：「你說的這種器械我不是不知道，只不過為了正心修身而不願去做罷了。因為我聽我的老師說，有了機械那類的東西，必定會出現機巧之事；有了機巧之事，必定會出現機巧之心。」

機巧之心存於心中，便無從保持心靈的寧靜；心靈不能保持寧靜，精神便無所維繫；
精神無所維繫，就無法發現人生或人類的本來意義。你走吧，不要耽誤了我的耕作。
抱甕丈人

子貢羞愧滿面，悵然若失，不能自持，直到走出數十里外，仍無法恢復常態。

子貢

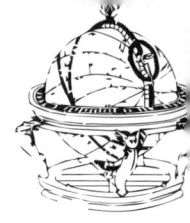

在這個故事中，莊子實際上是以「甕」和「桔槔」作為象徵，為我們揭示了「天人合一」與「天人相分」這兩種世界觀。正是這兩種世界觀，後來分別派生出「天工開物」與「人工開物」的不同方法論。

照我們今天的「發展」觀來看，「抱甕丈人」的態度無疑是因循守舊的，甚至還是冥頑不化的。但與此同時，我們也會深深地倒吸一口涼氣，感到在這種生活方式的背後，一定有著一股強大的力量支持著他。

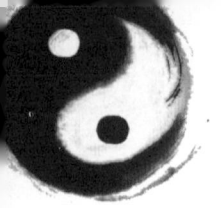

也就是說，這是一個有著堅定信念和生活準則的人。對於這樣一個人，不論他的信念與準則為何，我們一般仍心存敬畏。因為相對於所謂「混得好」而言，他的生活是如此完整，並且因為完整，而變得幾近考究。

這讓我們發現了什麼是「原則」，以及對原則執著而堅守的力量，這正是「文化」的真正底蘊。

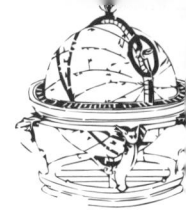

正如孔子將那位被斥為「四體不勤、五穀不分」的山野丈人稱作「隱者」那樣，有此操守的「抱甕丈人」也不可能屬於「廣大勞動人民」中的一員。這倒不是說作為「廣大勞動人民」的一員有什麼不好，而是因為桔槔本身就是「廣大勞動人民」發明的，既然發明了，又焉有不用之理？

並且，從方法論的意義上來講，桔槔的使用與中國哲學中「天人合一」的世界觀及「天工開物」的生產方式並無矛盾，與「抱甕丈人」所信守的底線也無本質上的衝突。

只不過，作為那個禮崩樂壞、信仰危機時代潔身自好的避世者，「抱甕丈人」將這一原則表現得更誇張、更形象，或更具形式感罷了。也正是由於這種誇張、形象和形式感，使我們有足夠的理由與自信，將其推舉為整個中華文化的「形象代言人」。

因為事實上，相對於西方文明，數千年來，我們的祖先正是以「吾非不知，羞而不為」的世界觀與方法論為依託，以「相宜」或「自洽」為原則，在世界民族之林中，架構起華夏文明大廈的。

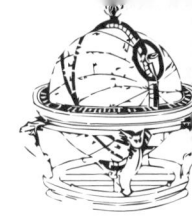

天圓地方

——中華文化百年之「癢」

中國是一個負有人類使命的國家，當我們堅守一種文化時，必定是因為這種文化在價值上是好的、理性的，並具有普遍意義。

一、天圓地方
——中華文化的百年之癢

在當代中國，「天圓地方」被人們作為一種「文化」或「哲學」概念所接受；然而，它同時也是一個科學概念的事實，卻早已被人遺忘。

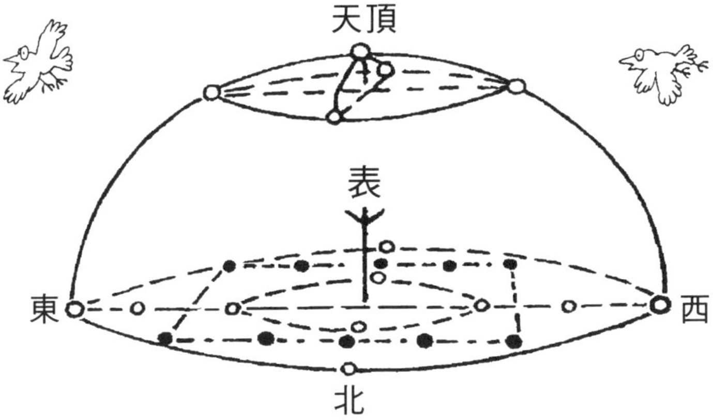
天頂
表
東
西
北

以此為標誌，號稱「博大精深」的中華文化就足以被定位為「直觀的」和「簡明的」了。

從整體來看，我們以西方價值體系作為參照來探討中華文化，相關研究應該已相當深入。公平地說，無論是人云亦云的倡導，還是不知所云的反對，幾乎都已發揮到極致。

但是，我們仍然不滿足，仍然感到隔靴搔癢，渾身不自在。因為到此為止，這些結論儘管頭頭是道，但也一律似是而非。

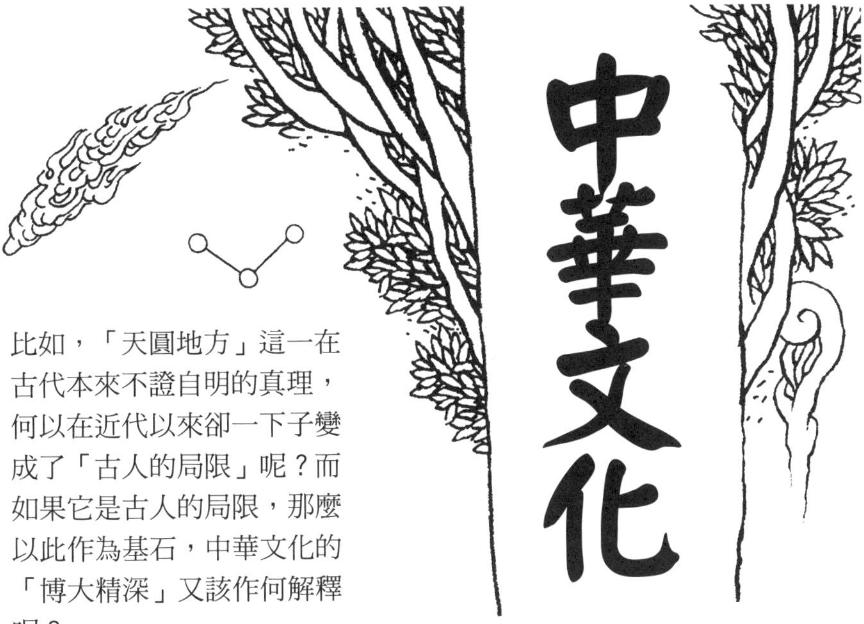

中華文化

比如，「天圓地方」這一在古代本來不證自明的真理，何以在近代以來卻一下子變成了「古人的局限」呢？而如果它是古人的局限，那麼以此作為基石，中華文化的「博大精深」又該作何解釋呢？

天圓地方

如果從「五四」算起的話，這個問題已經困擾了國人近百年了，所以我將其稱為「中華文化的百年之癢」。

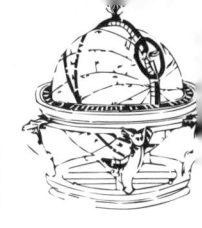

「天圓地方」的觀念，使得我們的倡導者無法從形而上或公理的層面，為中華文化提供應有的論證，因此也無法賦予其在科學上的合法性。比如，中醫中藥就因此難以真正走出國門。

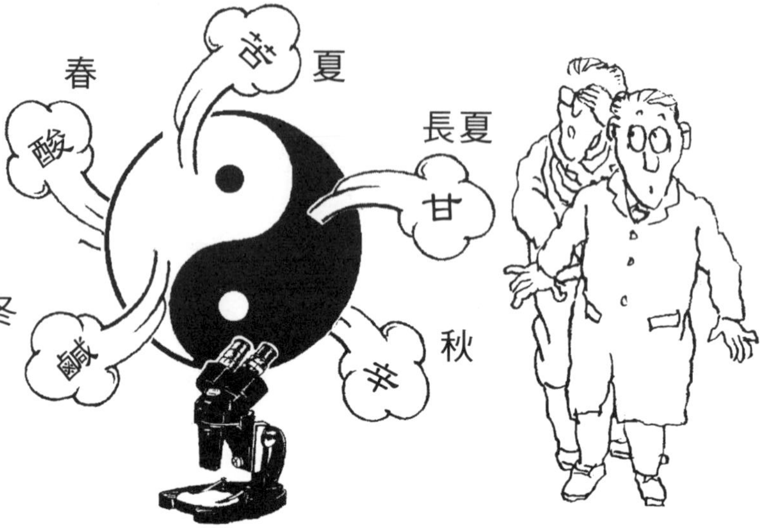

也使我們的反對者將其定義為「直觀」、「未發展」之後，必須付出這樣的代價：即放棄這一文化中有可能蘊含著的一套完整世界觀和方法論。並且作為一個體系，它們是「現代科學」無法替代的。

所謂「直觀的」、「未發展的」，實際上也就是「經驗的」、「感性的」、沒有系統理論作為支持的。換言之，也即應該被替代和淘汰的。

於是，每當我們號稱中華文化「博大精深」時，總是感到英雄氣短，心存彷徨。

正是由於「沒有理論系統」與「直觀」的定義，造成了我們文化的倡導者與反對者的共同窘境，因為雙方的依據都是國家的法定教科書與最具權威性的大辭典。

在此一前提下，中華文化的倡導者便變成了敝帚自珍的「民粹主義者」；而反對者則在成為「科學」與「公允」的化身之後，又不免失之偏頗與淺薄，從而使之蛻變為道德意義上的無謂紛爭。

因此，不論是出於倡導還是反對，我們都負有這個責任：即首先應該還原其作為體系的本來面目，然後才能取得對它進行評估的資格。

也就是說，要以「科學」的態度，而不是採取「外行看熱鬧」，甚至「牆倒眾人推」的態度，不負責任地人云亦云，不知所云。

中國哲學、文化如何被與科學割裂開來？

一個民族若僅憑「直觀的」和「經驗的」意義上的科學，卻創造了「博大精深」的文化，這在邏輯上是荒謬的。

一般而言，「文化」有兩種含義：一是涵蓋哲學與科學的廣義總稱；二是作為哲學、科學與文化三者之一的狹義特指。

文化 → 哲學
文化 → 科學
文化 → 文化

當我們談論整體的「中華傳統文化」，尤其是相對於西方文明而言，通常指的是第一種，也就是在中華文化中，文化、哲學與科學是一個有機統一的整體，而非無關聯、無邏輯的堆砌。

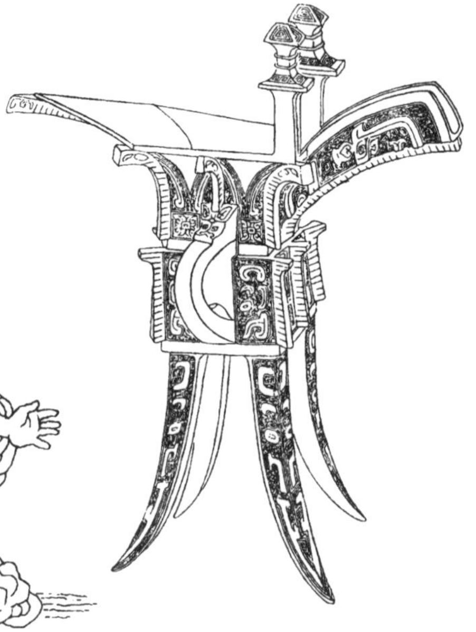

「中華文化、哲學」之所以被與科學割裂開來，很大程度上是由於「文化」這一概念的特殊性所造成的。「文化」所具有的象徵意味，使其在某些範疇內，並不必然需要系統性的科學體系作為支撐。例如，一種原始宗教或固有習俗，就足以建立起一種秩序、支撐起一種文化，並且足以贏得人們的尊敬。只是我們不好說這是一種「博大精深」的文化，因為它們的基礎主要是經驗性的或直覺性的。

而在某些範疇之外，文化則必須擁有一個系統性的科學體系作為支撐。文化的空間效應或規模屬性，使它必須依賴一個形而上的公理來建立其體系，否則便難以維繫。比如西方文化，其之所以被稱為「文明的」、「先進的」，正是因為它擁有這樣一套形而上的公理，以及由此引申而出的強大體系作為支撐。

同理，歷史上影響範圍最廣、延續時間最長的中華文化，無疑也是如此。也就是說，既然它具備「博大精深」的內涵，那麼勢必應有一套相應的解釋系統與推理系統作為支撐。

因此，不可能像許多中華文化的倡導者所說的那樣：「我們的文化是好的，但我們的科學確實不行。」所謂「不行」，其實就是「沒有」的意思。也就是說，我們有文化，卻沒有科學。

一個沒有科學，或僅有「直觀的」和「經驗的」意義上科學的民族，
卻創造了「博大精深」的文化，這在邏輯上是非常荒謬的。

在「天圓地方」的表象背後，一定隱藏著某種更深刻且更具普遍意義的內涵。在數千年的歷史長河中，我們的祖先正是以此作為「公理」或「公設」，締造出博大精深、雄渾厚重的華夏文明。

那麼，這個體系究竟是什麼呢？我們對其是否進行過充分的質詢與論證？一個未經質詢與論證的體系，真的能夠喚醒我們的民族自覺，進而恢復我們的核心價值觀與文化論述力嗎？

如果說我們以一只鼎象徵中華文化，那麼這張桌子則代表它的公理與公設，或者說，是統整整個中華文化的平台。與西方文化不同的是，由於我們始終未曾證明這張桌子的存在，便使得這只鼎像個 UFO，「神祕」地懸浮在半空中。

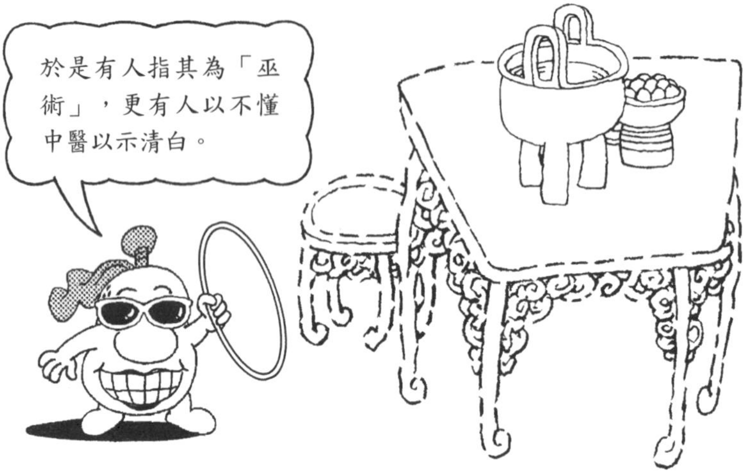
於是有人指其為「巫術」，更有人以不懂中醫以示清白。

因此，我們特別以「天圓地方」這一最容易引發認知混淆的概念作為切入點，期望對中華文化作出合理的定位，使其更為明晰。

天圓地方

抱甕丈人

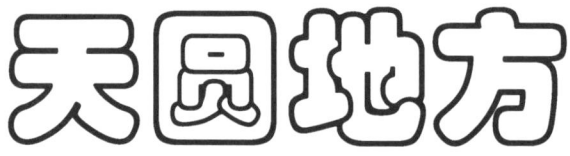

「天圓地方」在科學意義上是否具有合法性？

假如「天圓地方」觀念不具備在科學意義上的合法性，那麼整個中華文化也就無從立足了。

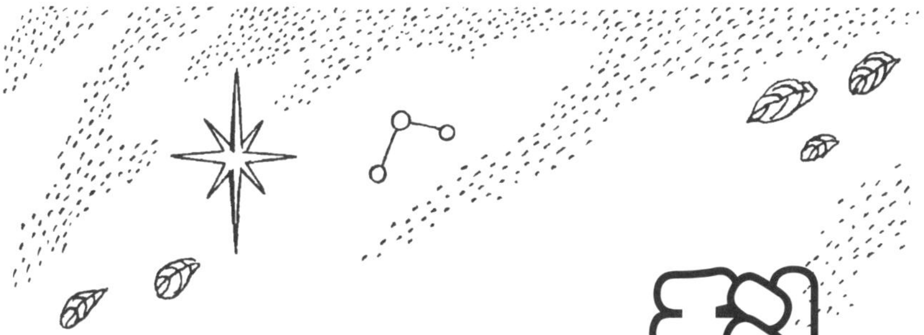

既然本章的目的是為了還原「天圓地方」作為科學的本來面目，那麼在此之前，我們最好事先做出這樣一個鋪墊：何謂「科學」？世界上有幾種科學？

就自然科學而言，「科學」是一門揭示事物發展規律、探求客觀真理的學問。它的目的在於為我們提供一個能統整整個宇宙的完整模式圖與相應的動力模型，藉此回答人類自有歷史以來，乃至將來可能出現的所有問題。

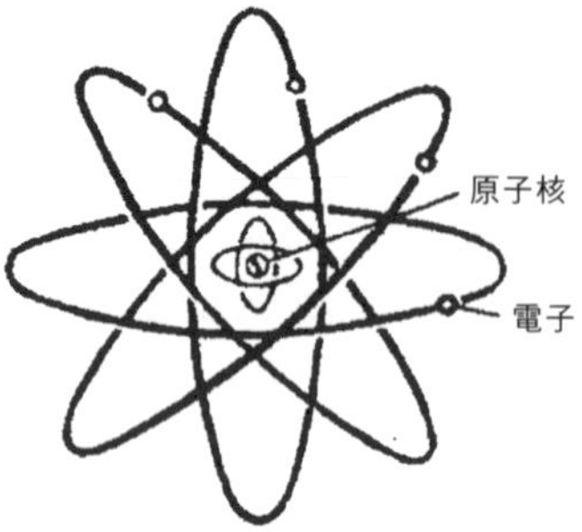
原子核
電子

既然科學是這樣一門學問，那麼就我們所掌握的既有事實來說，它不應該只有一種，而起碼應該有兩種（這裡姑且不論其優劣）。

其中一種，便是人們所熟知、以還原論為基礎的「現代科學」，也就是實證科學；另一種，則是我們所不熟悉，甚至已經逐漸失去自覺的、以整體論為基礎的「中國傳統科學」，亦即我們所稱的「辯證科學」。

它們源自兩種不同的世界觀：一種是「天人相分」，另一種是「天人合一」，並由此衍生出各自的方法論、統一場，乃至價值觀。若未加以鋪墊說明，便容易導致雞同鴨講，各說各話。

還原論與整體論（實證科學與辯證科學）

作為實證科學的基礎，還原論認為世界是由不可再分的原子構成的。原子是不變的始基顆粒，世間萬物的成因與變化，無不源於這些大小、形狀各異的顆粒之數量與組合。因此，人類所發現的物質越小、越單純，也就越具有普遍意義。「粒子加速器」所肩負的，正是這一使命。

還原論
中子
質子

而所謂的「辯證科學」，也就是「整體科學」。相對於還原論中那種可見、可觸的個體與實體而言，體現「整體」的，則是一種關係。因此，中國的辯證科學也可說是一門關於「關係」的科學。

對「辯證科學」進行正名是非常必要的，否則面對實證科學這個「現代科學」，它就好像是「古代科學」，與現代沒有任何關聯。

而「圓」與「方」，或「動」與「靜」，就是對「天」與「地」關係的概括，也正是在此基礎上，「天圓地方」獲得了科學上堅實的合法地位。同時，「陰」與「陽」也由此可以順理成章地理解為對事物對立統一關係的概括，「金、木、水、火、土」則可以自然而然地理解為對萬物間「生」、「剋」關係的歸納，等等。

在這樣一個關係系統中，它們都不是孤立存在的；而當我們考察這些作為整體一部分的關係時，著眼點便只能落在事物的功能上。因此，「功能」便理所當然地成為整體科學認識事物的核心觀點。

中華文明屬於「生態文明」而非「農業文明」

在長達數千年的悠久歷史中，中國人正是基於對萬事萬物的總體把握，營造出了一個世界上最繁榮、最穩定、最悠久的生態文明。請注意，我們這裡沒有將它稱為「農業文明」，因為「農業文明」是相對於「工業文明」而言的；但以上述的辯證科學與文化為基礎，沒有任何跡象表明中國社會將「發展」到「工業文明」。

因為作為一個獨立的體系，中華文化是以自然一即人與自然的和諧（或相宜）一為其最終訴求，而不是以基本粒子一即永無休止的「進步」一為歸宿。所以，《清明上河圖》中的「市場經濟」與明清時期繁榮的手工業，即使再「發展」五千年，也不會將中華文化從「天工開物」導向「人工開物」。

因此，恢復中華文化作為「生態文明」本來面目的工作至關重要。否則，作為一個階段性的、也就是「落後的」文明，中華文化的本來價值將註定被「先進」的「工業文明」與「後工業文明」所取代，而無法作為一種常態的、完整的、足以貫穿整個人類歷史的文化，反過來為「工業文明」提供一個完美的歸宿與解決之道。

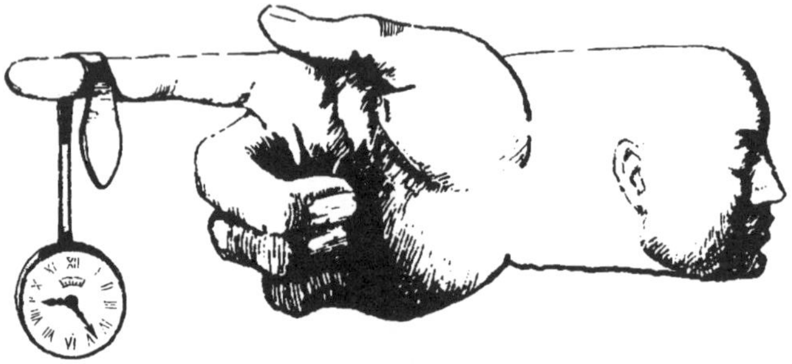

「天工開物」與「人工開物」

在實證科學高速發展的今天，「天人合一」的價值已經被湮沒太久，甚至對它的確切含義也早已語焉不詳。然而，當我們回首歷史時，會非常清晰地發現，在古代，我們祖先的一切努力，都是在此基礎上展開的。

為了使大家理解得更加明晰，這裡我們提出一個新的概念，即「天工開物」與「人工開物」。其中，以「天工開物」象徵「天人合一」，以「人工開物」象徵「天人相分」，並以此作為中西「科學」最本質的區別。其核心分野如下：

「天工開物」，是以人的方式去模擬自然；

而「人工開物」，則是以人的方式去效仿上帝。

「天工開物」之「天工」，是指自然的職司之意。最早見於《書·皋陶謨》：「無曠庶官，天工，人其代之。」意思是，不要虛設各種官職，凡是自然意志所體現的職責，應由人來代為完成。

「開物」則指開發自然、創造財富之意。《易經·繫辭上》曰：「夫易開物成務，冒天地之道，如斯而已者也。」意指《易經》是開啟智慧、成就事業、包涵天地萬象道理的經典，也就如此而已。

「天工開物」合而言之，是指人效仿並運用自然的法則與力量，從而製造出各種有用之物。

《天工開物》是中國科學史上的巨著，作者宋應星將《尚書》中的「天工」與《易傳》中的「開物」結合為「天工開物」，作為書名，可謂獨具匠心。

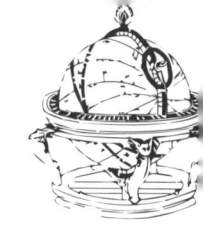

宋應星對「天工開物」一語並無正面解釋，但從書名中卻可窺見其寓意，即崇尚天工、讚譽人巧，主張天工與人工互補，揭示出自然界蘊藏的豐富資源與非人力所能及的潛力。

如《天工開物・序》中開宗明義地說：「天覆地載，物數號萬，而事亦因之曲成而不遺，豈人力也哉！」書中崇尚自然力的語句隨處可見，諸如「以見天心之妙」、「造化之巧妙也」、「人力不至於此」等等。

鬼斧神工
不露痕跡
天工開物的法則說到底也即陰陽五行學說。

天覆地載，物數號萬，而事亦因之曲成而不遺，豈人力也哉！

《天工開物・序》

那麼，這一思想應當如何以現代語言加以表述呢？
抱甕丈人

首先是世界觀，或稱宇宙觀。我曾於《漫畫易經》中對其作過如下歸納：

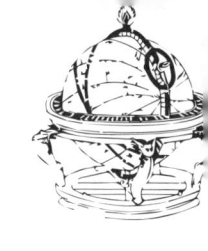

就世界觀而言，易學認為宇宙的興衰運行完全出於自然；人類作為其中的一分子，也應自覺地效法這一精神，而無出其外。

即人類活動的範疇，必須建立在與自然普遍聯繫的基礎之上。

這也就是「天人合一」的世界觀。在實證科學高速發展的今天，它的價值已被湮沒太久，甚至對其確切含義也早已語焉不詳。

天人合一
然而，當我們回首歷史時，會十分清晰地發現，數千年來，我們祖先的一切努力與構想，都是圍繞這一理念展開的。

中華文化之所以被定義為「早熟的」、「樸素的」，在很大程度上恰恰是由於忽略了「天人合一」這一至關重要的前提所致。

而數千年來，正是這一世界觀從邏輯上確保了人與自然的普遍聯繫未被切斷，也確保了中國人心靈的寧靜與完整。

但「天人相分」的世界觀則恰恰相反，它的一切努力都是要使人類跳出這個邏輯之外，不受制約，如同上帝。
天人相分

從方法論來說，易學就是以勾股定理作為支點，用時間和空間將萬事萬物按其功能（而非具象結構）統一起來的邏輯體系。

這就是整個華夏文明的可操作與可重複性原則。
伏羲

這一方法使人們在遇到問題時首先想到的是「他山之石，可以攻玉」，即利用事物本身的自然屬性與功能，使它們自發地達到存在與發展的最佳狀態。

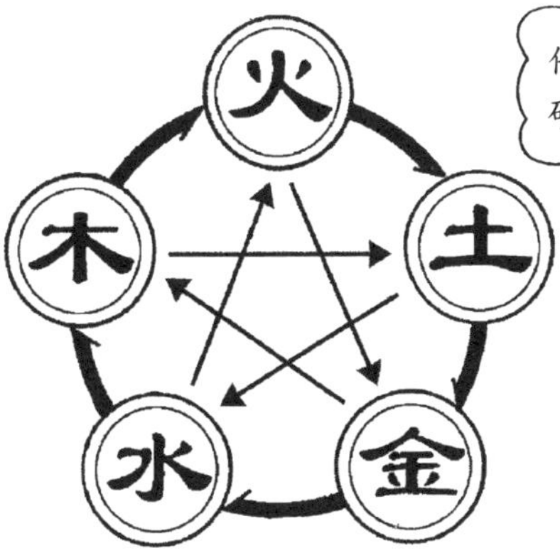
火
土
金
水
木

五行生剋圖

他山之石，即解玉砂、金鋼沙。

也就是用「以他平他謂之和」的方法，以「天工」去「開物」，而不是跨越「天人合一」的底線，用「人工」阻斷或干擾自然的流程，並由此形成中國主流科學暨辯證科學之「道」。

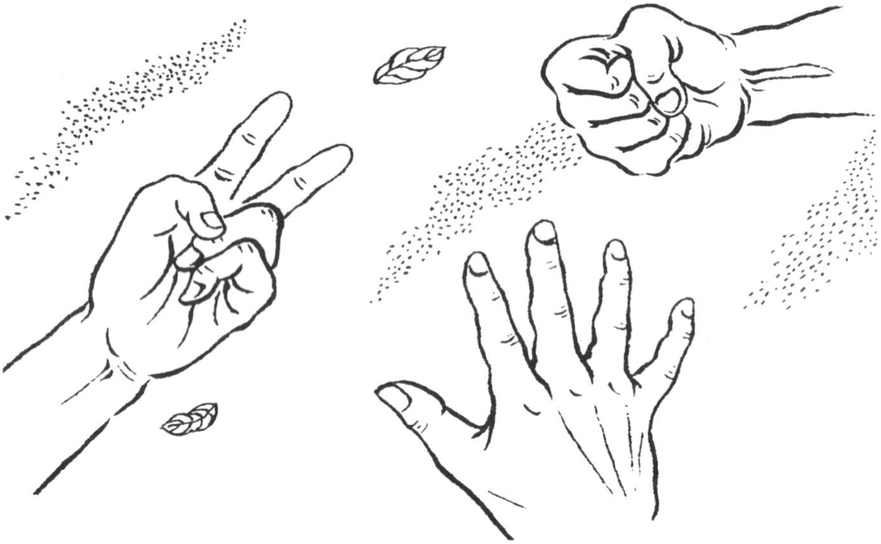

而中華文化之所以被定義為「經驗的」、「直觀的」，在很大程度上恰恰正是由於忽略了這一方法論所致。

請參見第三節：為什麼說河圖、洛書是整個中華文化的解釋系統與推理系統？

大而言之，世界上有兩種世界觀：一種是「天人合一」的世界觀，一種是「天人相分」的世界觀；兩種方法論：一種是整體論，一種是還原論。

還原論
天人相分
整體論
天人合一

前一種由古希臘發端，在全世界各民族人民共同參與下構建；而後一種則是由中華民族獨立完成的。

原子核
電子

因而「天工開物」與「人工開物」可以說是中西文化最為顯著的分水嶺，包括哲學、科學與文化的一切中西區別都是由此產生的。

以一個民族而為人類總結出一套完整的世界觀與方法論，並且是一整套經得起大尺度時空檢驗的世界觀與方法論，這在人類史上是一個奇觀，也是我們民族引以為傲之所在。正是這一建樹確立了中華民族自立於民族之林的基礎，也奠定了華夏文明「博大精深」的底蘊。中國之所以在任何情況下都可以號稱「文化大國」，而始終不為其他文明所同化，其依據就在於此。

「天圓地方」是中華文化、哲學的基礎，也是科學的基礎

「天圓地方」之所以被「公允」和「權威」地判斷為「古人的局限」與「感性經驗」，就是源於我們總是習慣以實證科學為尺度，假定世界上只有一種科學所造成的。

比如每當我們在質詢中國辯證科學「這裡有多少科學成分」時，實際上也就是在問：「這裡有多少實證科學成分？」

這裡的確有不少實證科學成分，由於不同體系的「光暈效應」，辯證科學與實證科學之間必然有其並行不悖的重疊。

整體論
還原論
辯證科學
（神祕的糟粕的）
『科學的』
實證科學
其中重疊的部分是「科學」的，而沒有重疊的一面則被定義為「經驗的」、「直觀的」，甚至還是「神祕」或「糟粕」的。
抱甕丈人

這樣，當我們將辯證科學納入實證科學的體系中去驗證其「科學性」時，就會自然地得出「樸素」、「早熟」和「直觀的」、「沒有現代控制論、信息論、系統論等那般精確的」結論。

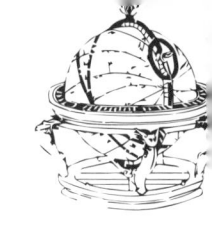

比如說，中華傳統科學中僅有大體一致的宇宙圖像，卻沒有統一的科學範式。中國有多樣的科學，卻未能形成一個統一的科學體系；比如除了數學和天文學建立起聯繫外，天算家在朝廷裡計算曆法，醫師在社會上為人治病，道士在深山裡煉丹，並沒有感到有必要彼此發生技術上的聯繫，等等。

但這種比較卻完全忽略了中國辯證科學不是以還原論為基礎，也不是以「天人相分」為前提的，因此這一結論完全是建立在概念混淆之上的誤讀。

於是也就導致了「天圓地方」這一概念在文化、哲學乃至政治上能夠成立，但在科學上卻無從立足的荒唐結論；中華文化也就因此與哲學一起，從科學的概念中被割裂出來。

並且由於這一割裂，最終使其在文化與哲學上也同樣在劫難逃，淪為「落後」、「保守」、「封閉」與「阻礙我們進步和發展」的眾矢之的。

不
科
學

正是基於這種誤讀，才使得我們在審視中國辯證科學時，不能將其作為一個體系來對待，導致我們無論在自然科學還是人文科學領域中，對中華文化的許多問題無法解釋，從而阻礙了我們與其他文明的交流與對接。

對接就需要平台，要是我們根本就沒有這一平台，就只能是一群等待拯救的文化難民。

比如，當我們面對實證科學明晰的方法論、統一場與構成物質的基本元素時，由於缺少這一平台，即缺少對中國辯證科學理論的論證，就只能唯唯諾諾，僅以「神奇」的個案去應對。

於是，我們的科學僅剩下支離破碎、不具備方法論意義的中華四大發明；我們的中藥只能以未經組方的「天然藥物」出口；

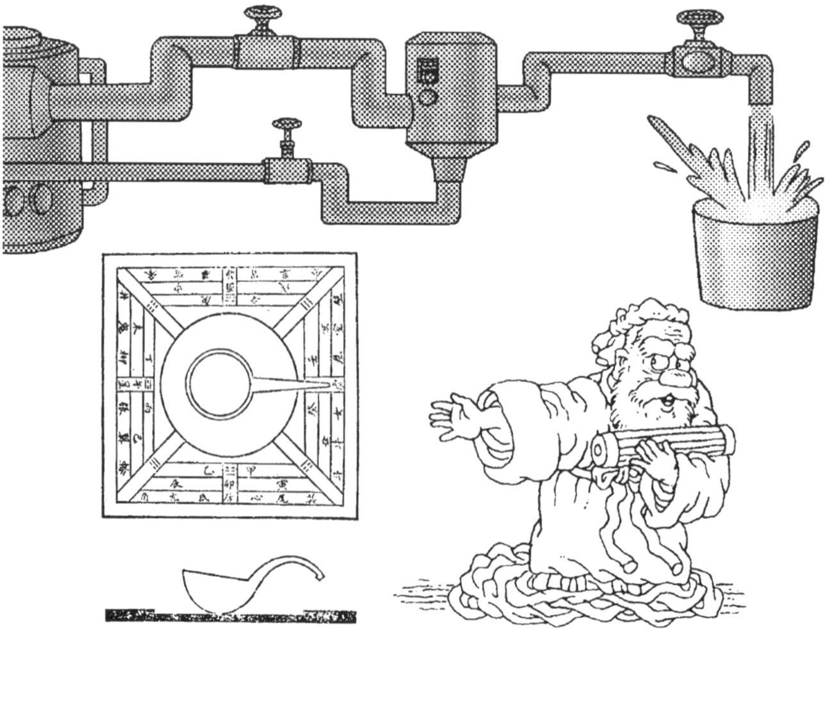

我們的哲學則成了靈光一現、需借助西方哲學才能解讀的格言警句。

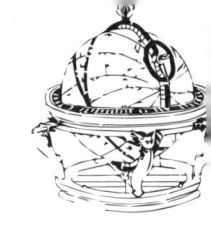

使我們民族凝聚為一體、成為禮儀之邦，並維繫於天地之間的「禮」，也成了萬惡之源、吃人的化身。

有鑒於此，我們將循著「天圓地方」這一總源頭，在後面的諸多章節中，就一系列現實問題、重大問題，以及在中國哲學、科學與文化中具有元典意義的《易經》、《黃帝內經》與《禮記》等經典著作，從體系上對它們做出（希望是）中肯的證明。

天圓地方

「天圓地方」概念的最早證明

「琮」和「璧」的出現，標誌著中華文化的世界觀與方法論已經萌芽，起碼其文化選擇機制已經形成。

在人類文明形成的早期，各民族並不存在世界觀、方法論等方面的差異，因為這中間沒有文化的選擇機制在起作用。只有當生產能力和物質水平不斷提高，地理環境和自然因素足以影響人類的行為與思維取向時，才有可能形成風格迥異的文化環境，並走上不同的發展道路。

中國文明之所以號稱有五千年的文明史，後世之所以將種種發明與著述託名於「黃帝」，正是源於與黃帝時期相對應的龍山文化前後，中國獨具特色的世界觀和方法論已經萌芽，起碼以功能作為取向的文化選擇機制已經形成，其標誌就是體現「天圓地方」觀念的這些圭與璧。

「天圓地方」的宇宙模式，最初是以古人祭天禮地時所用的琮和璧為形式出現的。在古代，祭祀被視為國家大事。

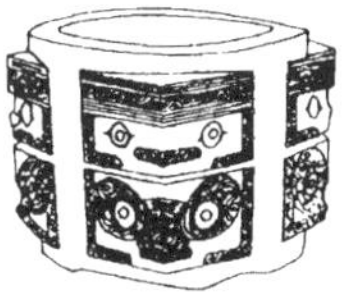

太湖良渚文化禮器
玉琮（距今約五千年）

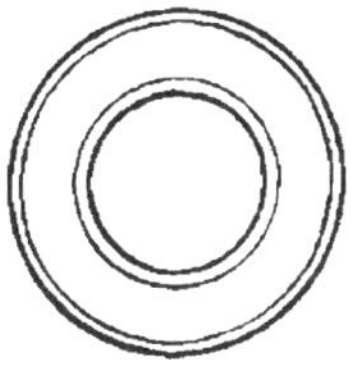

中原龍山文化禮器
石璧（距今約四千五百年）

《左傳・成公・十三年》中就有「國之大事，在祀與戎（指戰爭）」之說。在各種祭祀中，最隆重的則是到郊外祭祀天地，特別是祭天。所謂「國之大者在祀，祀之大者在郊」。

在周代，專門用於祭祀活動的玉器有六種，它們分別是「璧、琮、圭、璋、琥、璜」。這六種玉器被稱為六種「瑞玉」或「六器」。

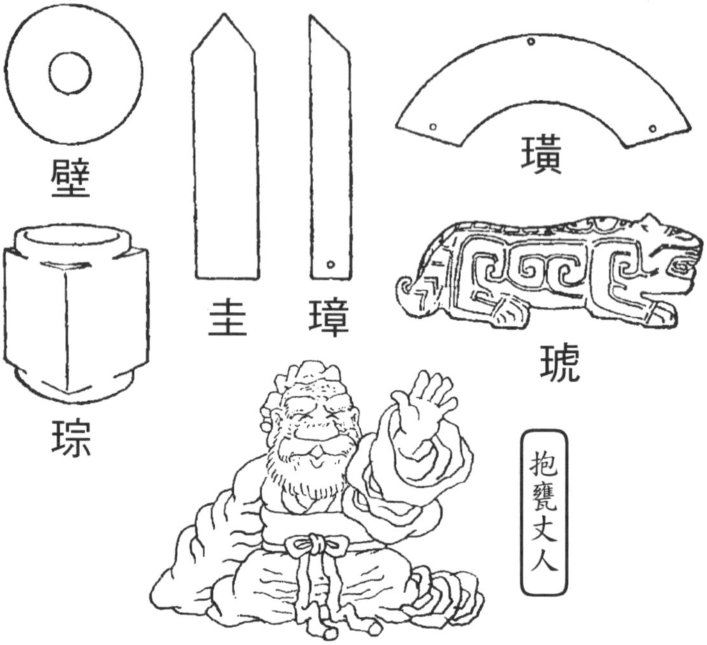

《周禮‧大宗伯》中記載：「以玉作六器，以禮天地四方。以蒼璧禮天，以黃琮禮地；以青圭禮東方，以赤璋禮南方；以白琥禮西方，以玄璜禮北方。」

在祭祀天地的活動中，作為「天圓地方」意識的象徵，主要體現於兩種最重要的禮儀玉器——「璧」和「琮」上。從出土的文物來看，不同朝代的「璧」在色彩與大小上並無統一規範，「琮」的顏色與高矮亦存在差異。但在「用內外皆圓的玉璧禮天，以內圓外方的玉琮祭地」這一點上，從上古至明清，歷來都是一致的。

漢代石刻「六玉」

仰韶文化與紅山文化中所見的墓葬制式，更可能將這一觀念追溯至距今七、八千年以前。也就是說，至少在距今七、八千年以前，「天圓地方」的宇宙觀與以功能作為取向的文化選擇機制就已經萌生了。

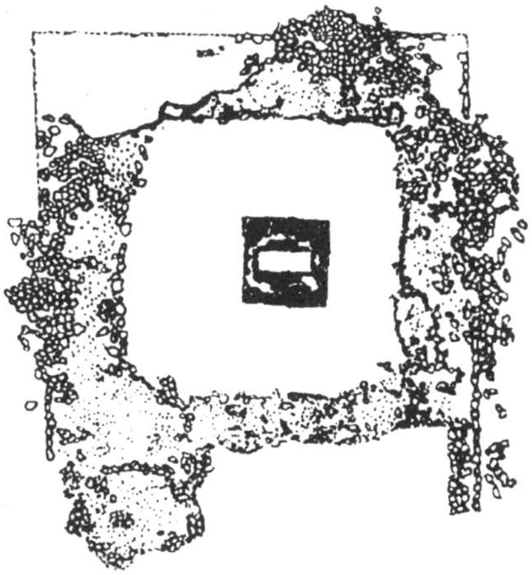

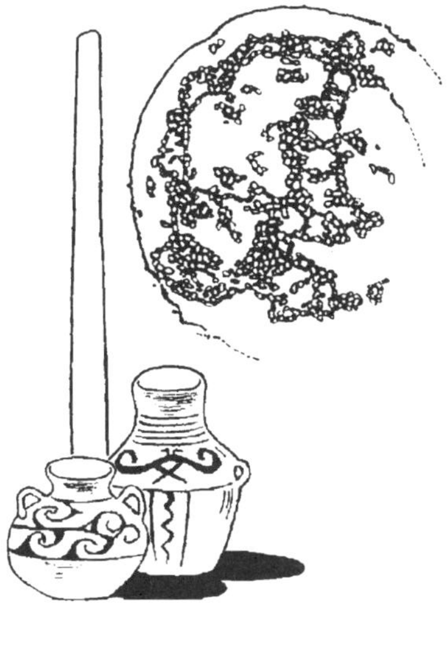

紅山文化中象天的圓冢與法地的方冢

「天圓地方」是怎樣被誤讀的？

關於「天圓地方」，最有名的例子則見於《大戴禮記．曾子天圓》。

單居離向他的老師曾子請教說：「天圓而地方者，誠有之乎？」曾參則這樣回答說：「天之所生，上首；地之所生，下首。上首之謂圓，下首之謂方。如誠如天圓地方，則是四角不掩也。」

天圓地方

真的是這樣嗎？
單居離
曾子

「且來，吾語汝。參嘗聞於夫子曰：『天道曰圓，地道曰方。』」於是單居離茅塞頓開。

曾子
單居離

天圓地方

如果從功能上來認識「天圓地方」就會出現這樣的情形。

單居離真的茅塞頓開了嗎？後人多不以為然，多認為曾子或孔子在此偷換了概念。

曾子真聰明，這樣一來，「天圓地方」就不再是對天地結構的討論，而是轉向對「道」與政治的討論了。

因為以單居離，也即具有實證傾向的渾天說來看，當圓形的天穹與方形的大地緊密結合時，二者是不可能完全重合的。於是，天與地便出現了「四角不掩」的情形。

單居離
天圓地方
曾子
如果從結構上看，
「天圓地方」就會
是這樣的情景。

作為中華文化繼往開來的傳承者，還是孔子深得中華文化或科學的要領與真傳。這一要領與真傳即是：在中國的文化或科學中，結構始終是「缺省」的。「天道曰圓，地道曰方」的解釋也無意於結構本身，而是著眼於其功能。

天的功能是「圓」，
地的功能是「方」。
孔子

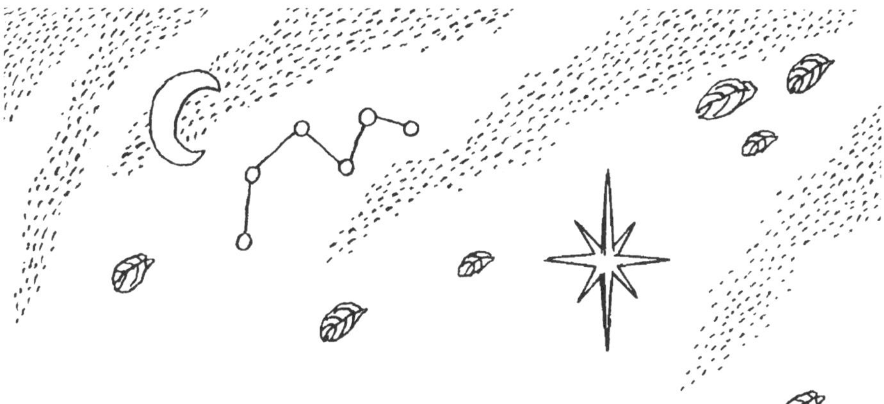

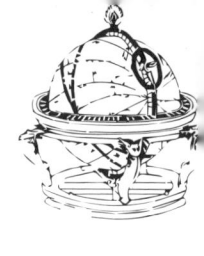

這一解釋與《周髀算經》首章所說的「方屬地，圓屬天，天圓地方」是一脈相承的。東漢趙爽在為《周髀算經》作注時也說：「天動為圓，地靜為方」，又以動靜來解釋方圓，說：「物有圓方，數有奇偶；天動為圓，其數奇；地靜為方，其數偶。此配陰陽之義，非實天地之體也。天不可窮而見，地不可盡而現，豈能定其方圓乎？」所以應以「缺省」待之。

既然天與地都是看不到邊界的，怎麼能確定它們的結構究竟是圓還是方呢？
趙爽

《呂氏春秋》對方圓也提出過類似的解釋，在《圓道》篇中說：「何以說天道之圓也？精氣一上一下，圓周複雜，無所稽留，故曰天道圓；何以說地道之方也？萬物殊類殊形，皆有分職，不能相為，故曰地道方。」

這段話可以理解為對曾子「天道曰圓，地道曰方」的詮釋。即：天道之「圓」是指天的精氣上下運行；地道之「方」是指地上萬物千差萬別，各有分職。總之，方與圓皆非指其具體結構。

抱甕丈人
凡此種種，方與圓在此皆是對天地功能的歸納與概括，而非對其具象結構的描述。因而單居離才得以「茅塞頓開」。

也就是說，無論是曾子還是孔子，他們並未偷換概念，只是在這裡，文化與科學出現了重疊，就如同在整個中華文明體系中，哲學、科學與文化是一個統一的整體一樣。

因此，「天圓地方」的觀念絕非如後人所定義的，僅是古人的直覺觀察，或從結構層面對天地的描述。因為如果這一定義成立，那麼它必須具有普遍性，也就是在人類早期，大多數民族都應以同樣的直覺，從結構上認為天是圓的、地是方的。然而，我們並未發現這種情形。

從實證的，也就是從經驗和感性的角度來看，「天圓」固然較為直觀，可以用圓來概括；但「地方」則無從查證，因為在開闊地帶中，無論從哪個地段、何種高度，人們都不可能觀察到方形的大地。

換句話說，將天地概括為旋轉不息的「天圓」與四角不掩的「地方」，不可能是來自「直觀的」或「經驗的」觀察，而必然有其他體系作為支持。

而以單純的文字學而言，「方」在此固然又通「平、直」。例如，蓋天說正是在一個平直的大地上（一個具有功能意義的虛擬空間）推導出「勾（影）之損益寸千里」的結論。

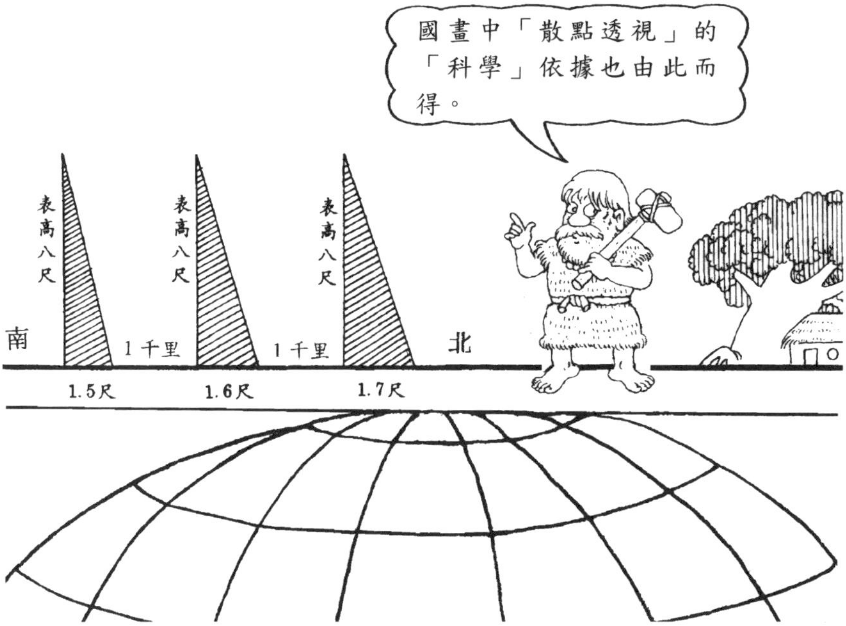

然而，若將「方」解釋為方方正正的幾何形狀，其意義則早已超越單純的文字演變或多義特性。事實上，在中國歷代的辯證科學與文化體系中，方正之「方」始終具有不可撼動的象徵地位與方法論意義。

「平直」是具象的，而方方正正的「方」則是對平直大地的功能性概括。

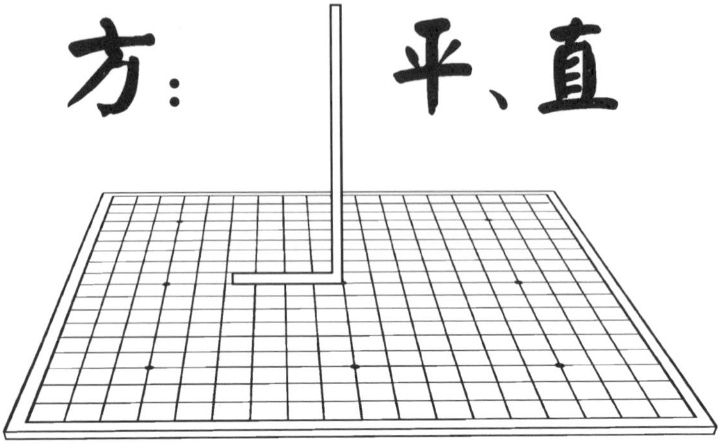

如前所述，在中國辯證科學體系中，每一件事物都經過了這樣的功能性抽象與歸納；「天圓地方」之所以具有方法論意義，根據即在於此。

如中醫中忽略掉五臟的結構，而將其功能概括為：心為君主之官，肺為宰相之官，肝為將軍之官，脾為倉廩之官。此處的「官」，即指「功能」。

這就是蓋天說用以闡釋天地運行機制的「七衡圖」。據此，古人不僅能指導農業生產，還推導出如北極之下「夏有不釋之冰」、「六月見日，六月不見日」；赤道附近「冬有不死之草，一歲再熟」等現象，這與後來實證科學中的「地球五帶說」不謀而合。（詳見《漫畫易經》）

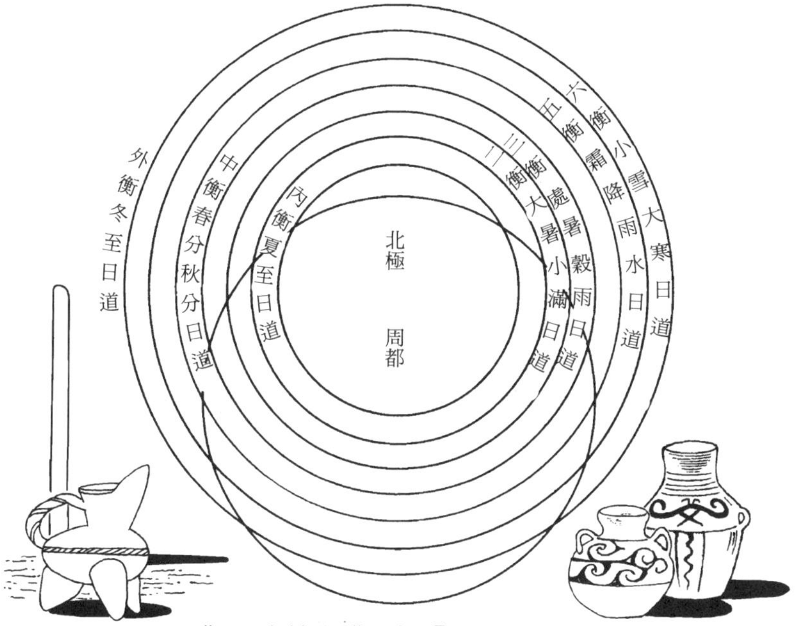

《周髀算經》之「七衡圖」

也正是在這個意義上，《易經》將「圓天」歸納為自強不息的「乾」，將「地方」概括為厚德載物的「坤」，並以此為方法，貫穿整個華夏文明。

二、中國傳統建築何以不用一只釘子？

「洛書」與「魯班鎖」

人們常以「不用一根釘子」來說明中國傳統建築的特點，實際上這也是整個中華文化的特點。那麼究竟是什麼因素決定了這一特點呢？

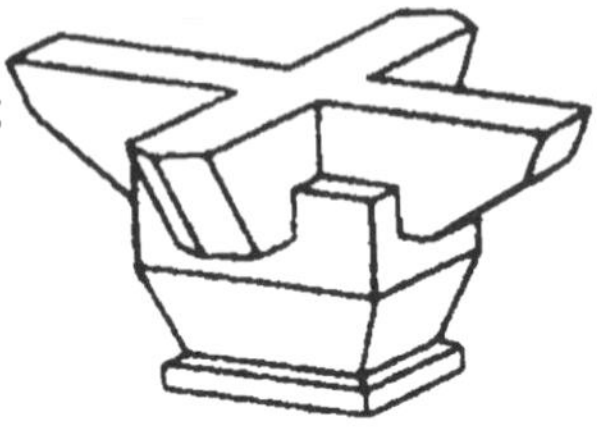

以「不用一根釘子」來形容中國傳統建築的特點，主要是指以斗拱為代表的榫卯結構而言的。僅就斗拱而言，它已經足以象徵中國傳統建築了，而中國傳統建築與中國哲學、文化是一脈相承的。

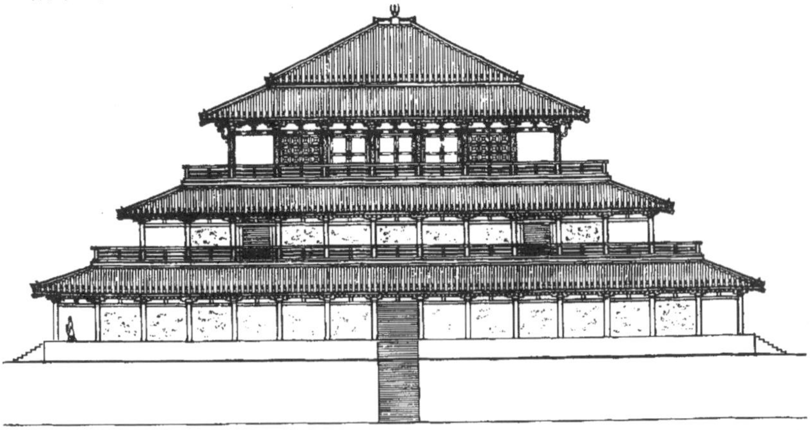

河北平山戰國中山王陵遺址M1享堂復原正立面圖（本圖引自楊鴻勳先生所著之《宮殿考古通論》

據考證，斗拱的發明源自古代先民對樹木枝杈的觀察和模仿。人們首先將樹的枝杈借鑒到房屋立柱上作「叉手」或「撐」，之後又在「叉手」或「撐」的基礎上支撐橫木、連接立柱，一步步發展起來，就產生出了最初的「斗拱」。

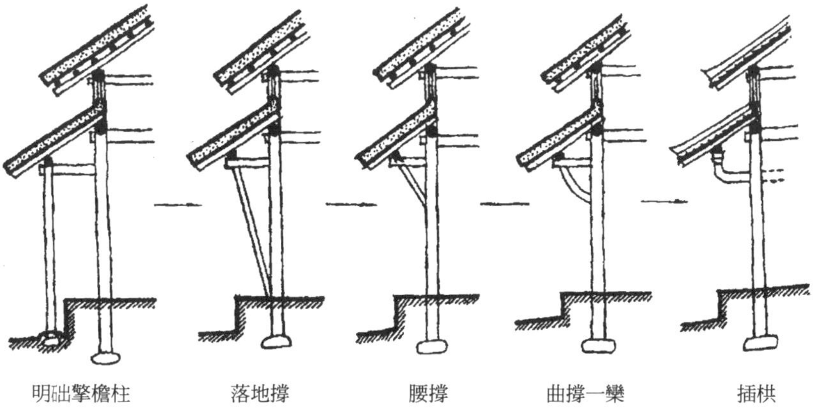

夏商周從擎檐柱到插栱發展序列
（本圖引自楊鴻勛先生所著之《宮殿考古通論》）

但是此時的「叉手」或「撐」還不是真正意義上的斗拱，而只是對自然的簡單模仿和經驗的累積。真正使其上升至科學高度，成為中國建築特有形式的，則是其對形成於春秋戰國時代的「魯班鎖」的應用。

（本圖引自楊鴻勛先生所著之《宮殿考古通論》）

因為斗拱中蘊含著縝密的數學原理、美學法則，不是單憑經驗所能達到的。說到「魯班鎖」，我們不妨從國外的另一項相關發明談起。

1974年，匈牙利的一位建築學家厄爾諾・魯比克出於教學的需要，設計了一個工程模型。這個模型十分奇妙，由26個棱長為1.9厘米的小立方體組成，能夠自由地圍繞著一個同樣大小的中心轉動，其中的邊塊和角塊可以分別轉至其他邊塊和角塊的位置。

（此說參見張遠南先生所著之《中國古代的魔方》）

為了區分這些小立方體，愛爾諾·魯比克把不同顏色的貼紙貼在了這些小塊的表面，以便人們能夠一目了然地看清它們的位置。這就是世界上第一個魔方。魔方的變化竟然有4300億億種之多。作為一種遊戲，它的基本要求是：在各個面上的顏色被打亂之後，如何以儘可能少的步驟，使其恢復原位。

魔方作為玩具投入市場後，迅即風靡全球。今天已經家喻戶曉，幾乎遍布世界的每一個角落，令許多人如痴如醉。而以魔方為原型的智力玩具，諸如魔棍、魔星、魔盤等等，也都應運而生。

魔方的原理實際上也就是對數學原理「幻方」的應用。而早在數千年前的中國，我們的祖先就已經歸納出了這一原理，並且至遲在兩千五百年前後，根據這一原理創造出了類似魔方、又勝過魔方的「工程模型」——「魯班鎖」。

魯班鎖

傳說春秋時代，魯國有個叫魯班的能工巧匠，他傾其畢生所學，經由潛心研究，製作出了一種叫「六通」（民間稱之為「魯班鎖」，實際上也就是建築學上所稱的「工程模型」）的玩具，用以傳承自己的思想、啟發後人的心智。

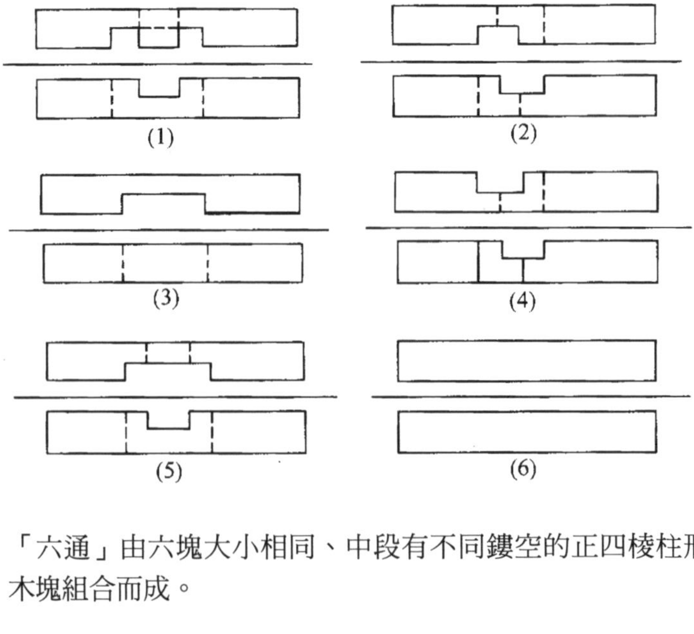

「六通」由六塊大小相同、中段有不同鏤空的正四棱柱形木塊組合而成。

「六通」形式精緻、結構嚴謹，有約三百萬種不同的組合方式，其中只有一種能夠成功。也就是說，如果有人想將所有可能都嘗試一遍的話，即使一秒鐘試一種，也需要夜以繼日地嘗試一兩個月。其正確的組合方式是這樣的：

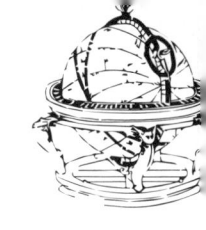

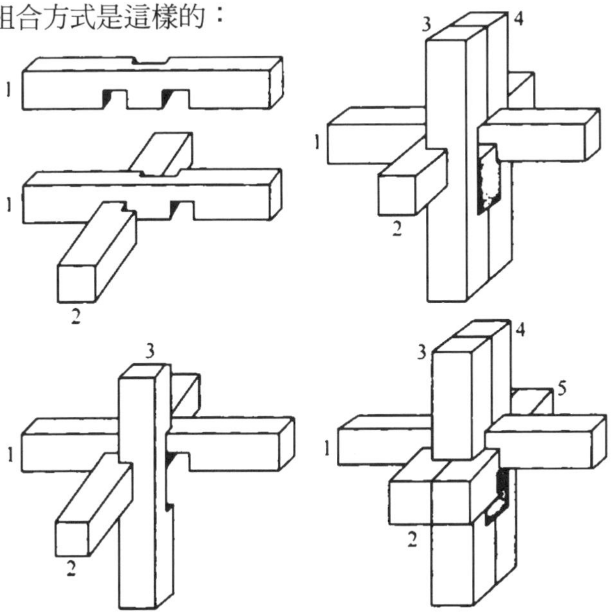
1
1
2
3
4
1
2
3
1
2
3
4
5
1
2

「魯班鎖」的組合方法

由此，「魯班鎖」從「咬合」或「擒縱」的結構關係上，為我們提供了一種最簡約、最完美、最牢固的組合形式。在不用一根釘子、只依賴「天工」的前提下，後世一切關於結構的複雜變化，其原理都不可能超越這個模型。

魯班
接下來再把這支實心木條插進去，「魯班鎖」就組合好了。

作為幻方原理的一個變體，「六通」以其多樣的變化與廣泛的適用性，在中國古代建築中起連接作用的榫卯、斗拱等關鍵部位，幾乎無處不在。

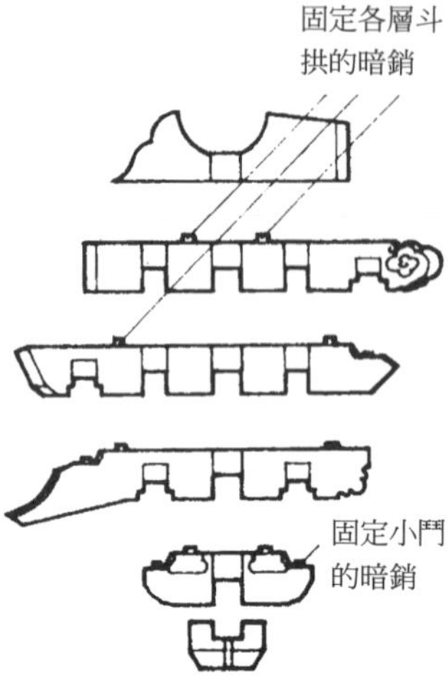
固定各層斗拱的暗銷
固定小門的暗銷

斗拱各層間用暗銷鎖定

斗拱的內部結構

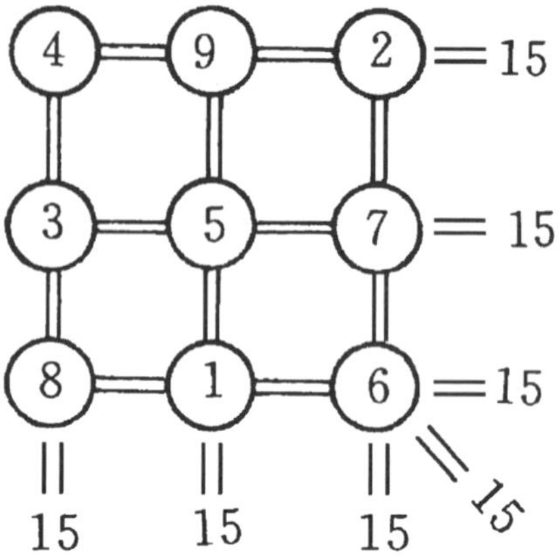
4 9 2 = 15
3 5 7 = 15
8 1 6 = 15
15 15 15 15

洛書九宮圖

「洛書」這種相等的關係揭示了宇宙萬物是一個統一中有變化，變化中有統一的動態模型。

魔方與「六通」之所以令人百玩不厭、變化豐富、魅力無窮，正是因為它們背後有著幻方這一數學原理與美學法則作為支持。而幻方原理，也正是我們接下來將要介紹的「洛書」。

抱甕丈人

以《易經》為象徵，如果我們將整個中華文化比作一座大廈的話，那麼它的基礎就是「天圓地方」，因為「天圓地方」決定了我們的思維取向；它的支點則是「勾股定理」，因為「勾股定理」以其公理與公設的作用，使這座大廈得以巍然屹立；它的藍圖就是「河圖」，因為「河圖」為我們提供了最完美的宇宙模式圖和構成萬事萬物的基本要素；

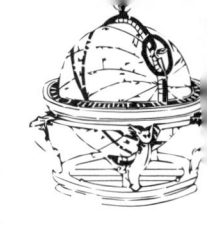

而將這座大廈最終連接為一個整體的，則是「洛書」，因為「洛書」以其所蘊含的「宏觀與微觀力學最簡單形式」，也就是斗拱的形式，通過「以它平它謂之和」的擒縱方法，使這座大廈形式恢弘、結構嚴謹。人們常以「不用一根釘子」來說明中國傳統建築的特點，其原因就在於此。

這個特點使上述的方與圓、陰與陽、「勾股定理」與「幻方原理」得以從純粹數學的應用中獨立出來，升格為一種在中華文化中具有普遍意義的世界觀和方法論。（參見下一節）

三、爲什麼說河圖、洛書是整個中華文化的解釋系統與推理系統？

「天圓地方」與《易經》

為了回答終極訴求問題，人類需要一個解釋系統；為了處理具體問題，人類需要一個推理系統。在中華文化中，《易經》就起著這樣的作用。

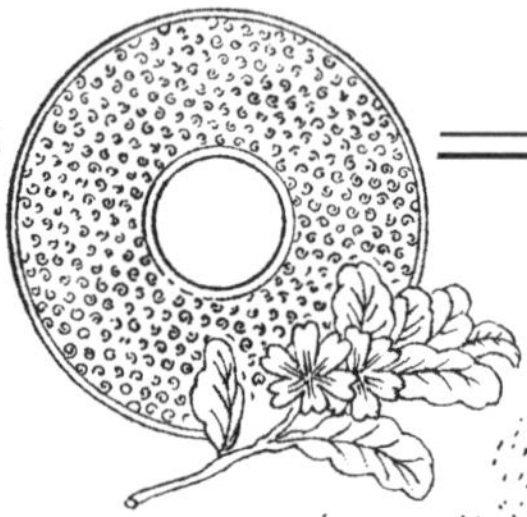

所謂的「解釋系統與推理系統」，實際上也就是一般意義上的世界觀與方法論。其中，世界觀也稱「宇宙觀」，指的是人們對整個世界的根本看法，包括人對自然、社會，以及對自身命運與價值的認識。

而方法論則是關於認識世界和處理問題的根本方法學說。它與世界觀——也就是對世界的解釋系統——是一致的。一般來說，對世界的根本看法如何，觀察、研究和處理問題的根本方法也會隨之而定。

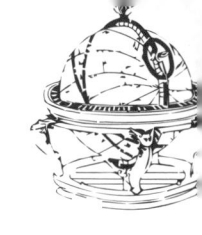

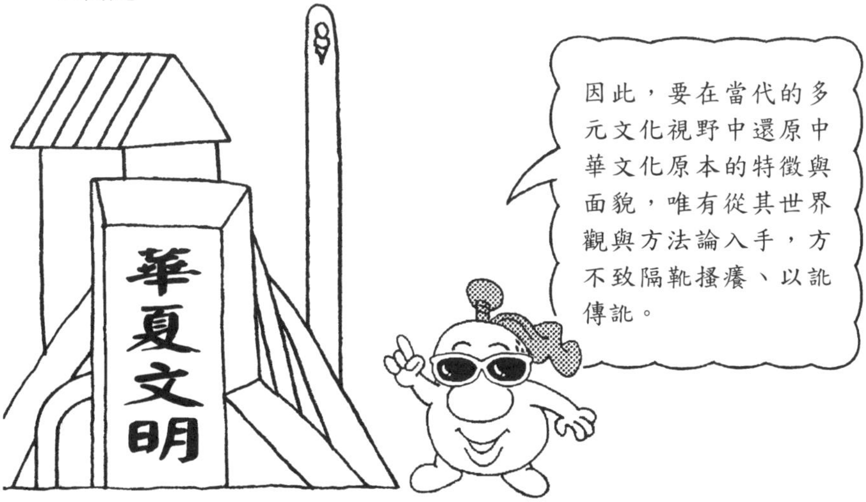
華夏文明
因此，要在當代的多元文化視野中還原中華文化原本的特徵與面貌，唯有從其世界觀與方法論入手，方不致隔靴搔癢、以訛傳訛。

作為人類文明與理性最重要的標誌，它們的形成可以追溯至人類最初的卜筮活動，這在世界各地皆是如此。

這種起源於「知天而務事」、「通神而佑人」的行為，旨在對宇宙萬物進行整體性的把握與規律的探尋，幾乎無一例外地體現於卜筮活動之中。這種對天地萬物的理解方式，無論今日看來多麼荒謬，在古代卻是人類傾盡心力的努力與虔誠神聖的訴求，因此自然也承載著世界觀與方法論的意義。

歷史上，各民族的占卜方式多種多樣，有根據星象判斷人事的「星占」、有透過鳥兒銜棍等行為求解人事的「鳥占」，還有以夢中景象預測現實生活的「夢占」等等。

比較而言，《易經》的占卜方式顯然高明得多。這種占卜法首先將天地萬物乃至人生的變化規律加以抽象，概括為一定的象、數、理原則，並透過陰陽交錯、相互轉化的型態，建立起一個邏輯方陣——即六十四卦，用以象徵整個宇宙萬物的運行。

先天64卦次序圖

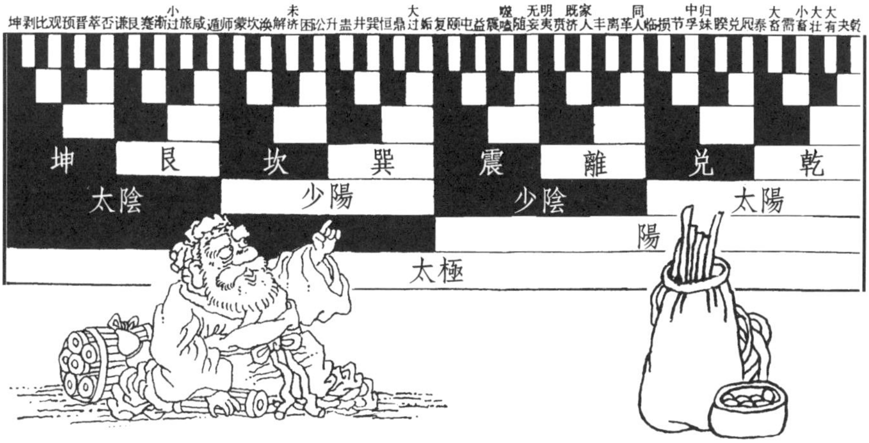

應當說，人們以這種象、數、理的常態與變化來推演過去、預測未來，是順理成章的。

既然這種卜筮的目的是為了預測未來、判斷吉凶，那麼它在形式上就必然要具備一定的演繹或模型功能。它的覆蓋面必須足夠廣，不僅要能解答所卜問的具體事項，還應當盡可能囊括影響這些事項的各種因素，最好能涵蓋全部條件。

就深層而言，一種文明在多大程度上是眾望所歸的，就在於它的解釋系統與推理系統，在形式和邏輯上多大程度接近了極致。如果我們把思維的取向指向結構，那麼以遠古的條件而言，這樣的訴求就注定只能是「樸素的」和「直觀的」，不具備理性價值，而這恰恰正是當時大多數民族的思維取向。

但是，這種現象之於《易經》卻是一個例外，因為中華文化的選擇機制決定了我們的祖先沒有將思維取向指向結構，而是始終致力於對「象」，也就是功能的整體把握。

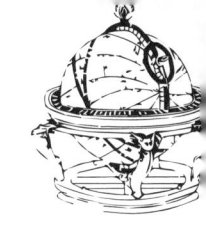

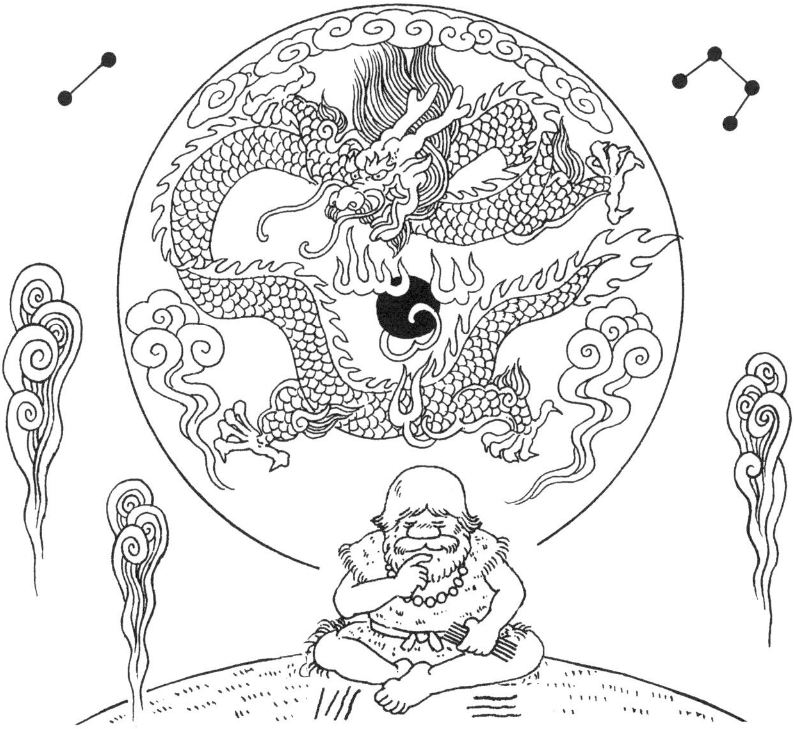

《易・繫辭傳》說：「古者包犧氏之王天下也，仰則觀象於天，俯則觀法於地，觀鳥獸之文，與地之宜，近取諸身，遠取諸物，於是始作八卦，以通神明之德，以類萬物之情。」

也就是說，古人是透過「近取諸身、遠取諸物」的方法，從具體事物中歸納出乾、坤、艮、兌、震、巽、坎、離這八個象數符號。我們會發現，自然界中並不存在這八種具體物質；與此相對，它們應該是對天、地、山、澤、雷、風、水、火的功能，即「象」的概括。

乾	坤	艮	兌	震	巽	坎	離
天	地	山	澤	雷	風	水	火

這使我們又回到了「天圓地方」，因為正是憑藉「天圓地方」的思維取向及其所具備的方法論意義，我們的祖先在面對具象事物時，得以自覺地忽略其紛繁的表象，而只著眼於其功能。

因為功能是看不見、摸不著的，就像「天圓地方」一樣。這也是中國辯證科學常被誤解為「直觀的」、「沒有系統化的」，乃至「神祕的」原因所在。
離
火

在中華文化與科學的時空體系中，其基本單位是功能。具體事物只有被轉化為「象」、「意」等形式的功能單位後，才能與「數」、「理」結合，用以「通神明之德」、「類萬物之情」。

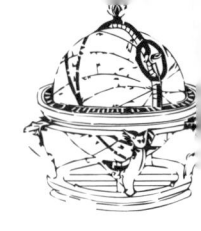

象數理

那麼在遠古時代，我們的祖先又是經由什麼途徑、用哪種方法，將萬物的功能從其具象結構中剝離出來，並保證它們的真實性與可靠性呢？

實際上，這個過程也就是《易經》中所說的「開物成務」的過程。具體方法是採用「司外揣內」、「取象比類」的方法，透過事物的外部表象，反觀其內部的功能變化，「由表及裡」、「由此及彼」地窺測其活動機制，並通過「數」與「理」，而非僅靠「長期反覆的實踐」來界定它。

因為僅靠「長期反覆的實踐」，是不足以使中華文化上升至理性高度的。

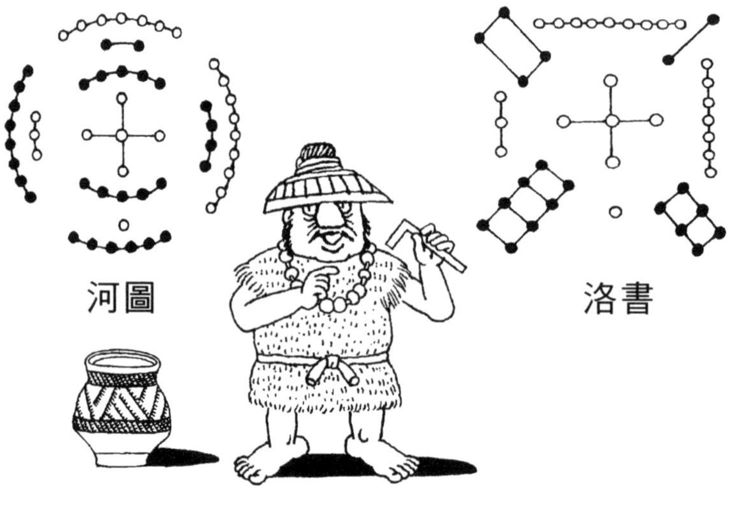

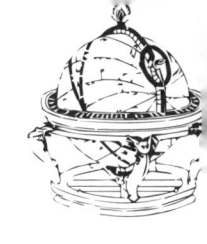

「象」與「功能」

如前所述，對「象」，即對功能的把握，是自「天圓地方」起始的。至先秦諸子，對「象」的定義已經十分清晰。如《管子》認為，象乃七法之合，即「義也，名也，時也，似也，類也，比也，狀也」。也就是說，「象」，亦即功能，是對意義、名稱、時間、相似、同類、比較、型態的概括與總稱。

象：義也，名也，時也，似也，類也，比也，狀也。

《管子》

又說：「不明於象，而欲論材審用，猶絕長以為短，續短以為長。」將其看作是論材審用，也就是「開物成務」的關鍵。

開物成務

古人通過對事物進行觀察，歸納出其特徵，然後給予形象描述和譬喻的，即為「象」。《易經・繫辭傳》中便如此闡述：「聖人有以見天下之賾（深奧）而擬諸其形容，象其物宜，是故謂之象。」

是故易者，象也；象也者，象此者也。

在《易經》中所論之「象」，一般認為可分為兩個層面：一是現象，二是意象。

一為「現象」或具象，是直接觀察所見、未經歸納之象，如氣象、星象。《易經‧繫辭傳》中的「天垂象」、「在天成象」、「仰則觀象於天」、「見乃謂之象」等，皆屬此層含義。不過這一層含義，在中華文化中基本上是被忽略或缺省的。

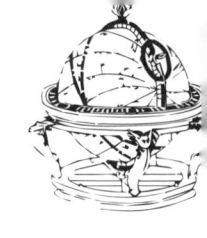

現象

二是經「司外揣內」歸納出來的印象、意象。即透過自然事物的表象，對其背後可納入辯證科學體系的功能進行歸納，比如透過具象的「天」，歸納出其功能為「乾」；透過具象的心臟，概括出其在五臟中的功能為「君主」。

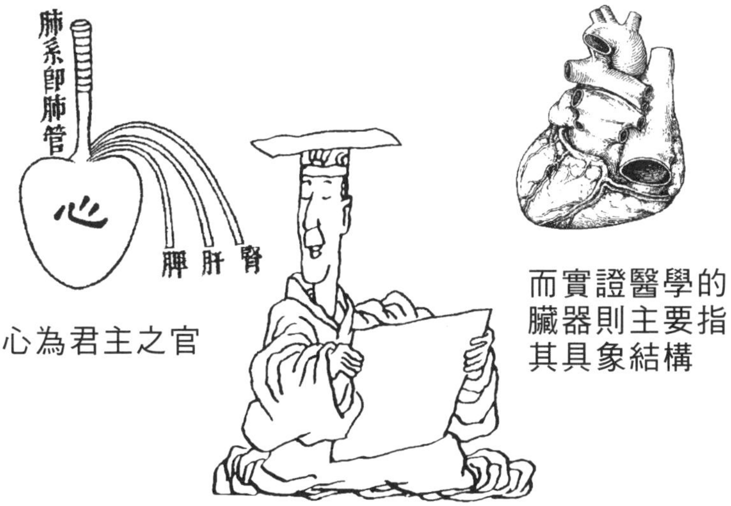
肺系即肺管
心
脾
肝
腎
心為君主之官
而實證醫學的
臟器則主要指
其具象結構

中華文化中素有「法象」之說。法什麼象呢？即法此「象」。如《易經・繫辭傳》中所言：「天垂象，聖人則之」、「設卦觀象」、「八卦成列，象在其中矣」、「君子居則觀其象」。

乃至「得魚忘筌」之象、「胸有成竹」之象、「意在筆先」之象等。這一層面的「象」，後來分別以「意」、「神」、功能等形式，應用於文化與科學諸多領域，成為中華文化與科學統一場中的基本要素。

得魚忘筌

唐代學者孔穎達對這一現象解釋說：「謂卦為萬物象者，法象萬物，猶若乾卦之象法於天。」並認為，宇宙萬物之功能都可以用卦的符號表達出來。

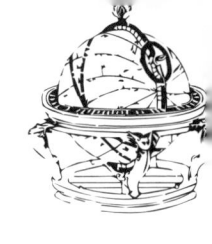

這說明古人確實是將卦象當作一種象數模型來使用的。即透過八卦這個模型，代入研究對象的徵象，借以推理與求解，例如：

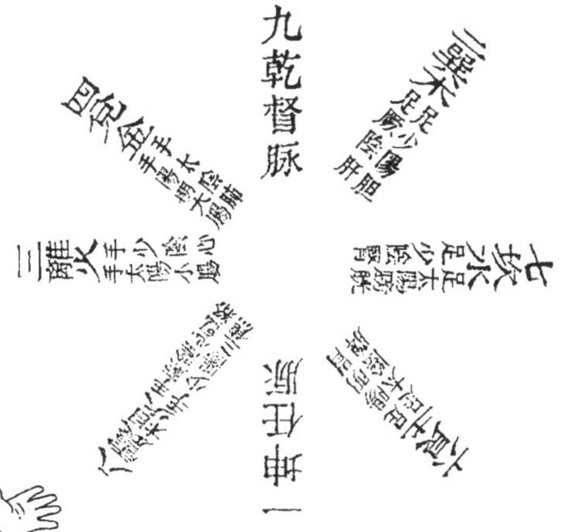

先天八卦與人體經脈圖

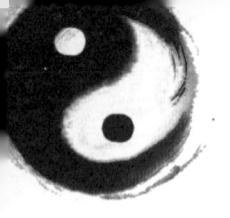

「八卦」就是對萬物功能的歸納

由此出發，我們首先來看《易經》中的八經卦是如何概括出來的：八經卦的卦名分別為乾、坤、艮、兌、震、巽、坎、離。

「乾」：其本義是指日出時光氣舒展的形象，也有發音近似「健」的含義。在構成宇宙的陰陽二元中，它具備創造、活動、「健」的功能。純粹由陽氣構成，最大的就是天，所以用陽的符號重疊成「☰」，命名為乾，相當於天。

因為天是可見的形象，而「乾」是指天的功能。

「坤」：其本義為伸展，也有「順」的含義。與太陽光氣舒展的形象相比，為地氣舒展的形象。在八卦中，「乾」是創始萬物的天之功能，而「坤」則是順從於天，形成萬物的工具。

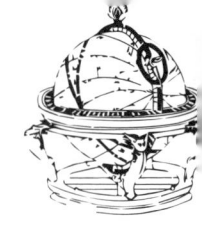

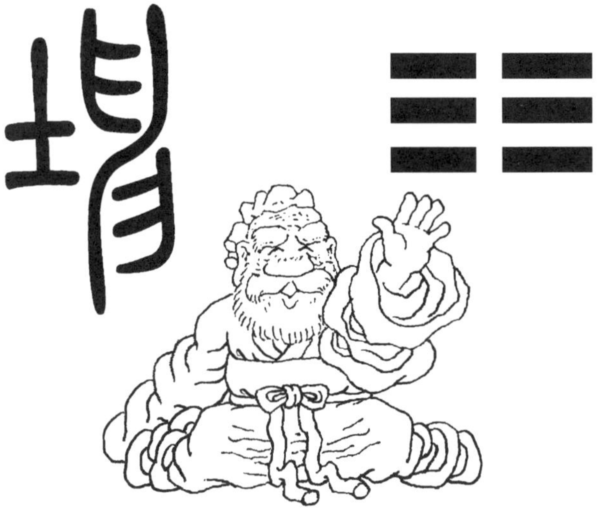

「坤」卦三爻皆陰，表示純粹的陰，最柔、最順。陰的形象最大的是地，因此命名為坤，是對大地功能的概括。

「坤」在《易經·說卦傳》中又為牝馬。

「艮」之本義為山，也有「止」的意思。它取象於強大的陽氣將陰氣阻擋，也有陽氣上升到極點的含義，因此命名為艮，是對山的功能概括。

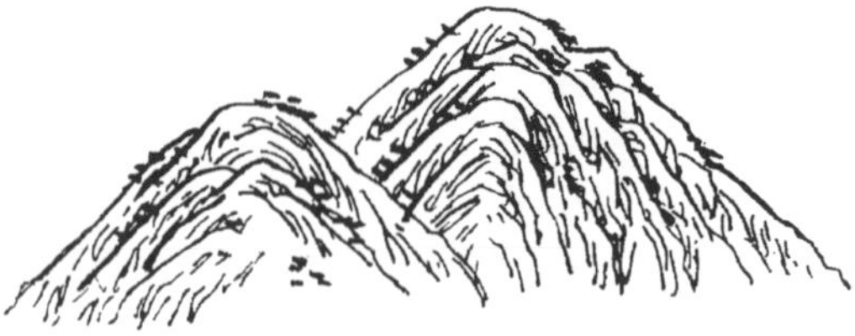

「兌」的本義為「說」，即說話或微笑之意。兌卦是將坎卦「☵」的下流堵塞，聚而成澤。澤中的水能滋潤萬物，使萬物和樂，因而命名為兌，是對澤的功能概括。

「震」的本義為雷，是由純陰的坤與純陽的乾首次相交所生，取義為陽氣在陰氣之下，鼓動萬物，因而命名為震，是對雷的功能概括。

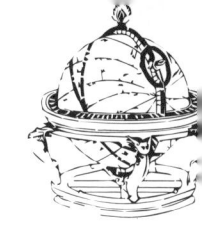

「巽」的本義是案上置物，後假借為同音字「遜」，即謙遜之意。此卦為一陰在二陽之下，寓意陰氣進入強大的陽氣之下，使其發散，因此命名為巽，是對風的功能概括。

「坎」的本義為水，此卦為一陽在二陰之中，內剛外柔，取義於水與雨，能滋潤萬物，因而命名為坎，是對水的功能概括。

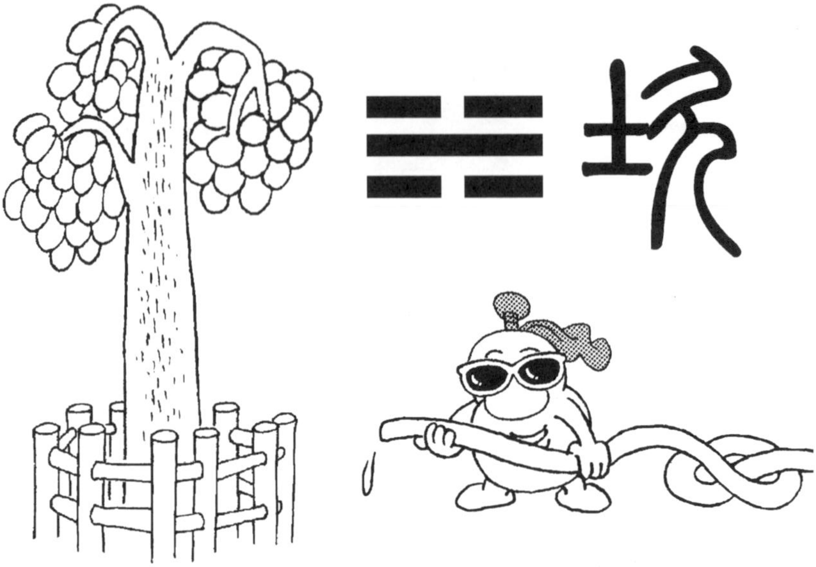

「離」卦則是一個陰爻夾於兩個陽爻之間，寓意內部空虛、外表光明，象徵太陽與火，使萬物溫暖乾燥。因此命名為離，是對火的功能概括。

至此，八卦用以概括萬事萬物的基本要素——「象」已然明確。那麼八卦之「數」又是如何呢？說到「數」，則要從陰陽談起。

「陰陽」是如何成「數」的？

三國吳人趙爽在為《周髀算經》作註時曾說：「物有圓方，數有奇偶。天動為圓，其數奇。地靜為方，其數偶。」即「數」是在最初對天道的探討中，從陰陽原理引申出來的。

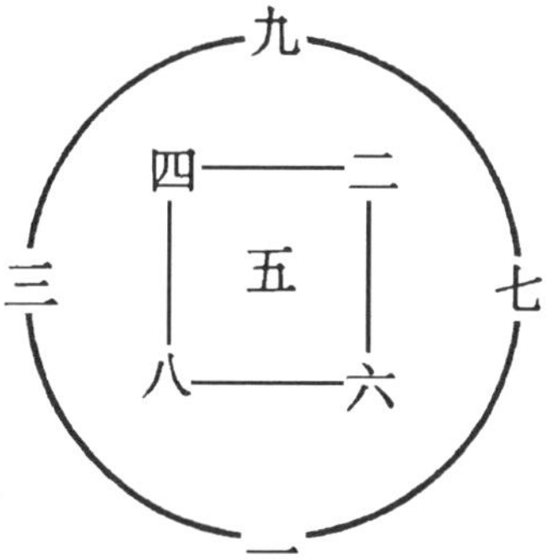

天圓地方

而陰陽的觀念最早發端於古人對自然的體驗與觀察。《詩經・公劉》中有「既景迺岡，相其陰陽」之句。是說古人站在山岡上，放眼望去，山南由於陽光充足，植物繁茂；而山北則由於暗不見光，植物低矮不榮，因而產生了陰陽不同之感。

陰陽二字在古文中也寫作陰與陽，偏旁的「阝」從阜，原形是「𨸏」，許慎《說文解字》中說阜是土山的形象。魯國的都城「曲阜」之名，就是取自城中那座彎曲的土山。

「侌」為「雲覆日」的形象，故「陰」字的原意是「暗也，水之南，山之北也」，許多城市就因此命名，如淮陰、華陰等等。

而陽字中的「昜」和「侌」正相反。《說文解字》中說：「昜，開也。」象形為蔽日之鳥雲散開而重見天日。從方位上講，山之南、水之北為陽，如衡陽在衡山之南，洛陽在洛水之北。

先民的起居生活一刻也離不開時間與空間，在日出而作、日落而息，鑿井而飲、耕田而食的原始社會中，由於對光線的切身感受，便產生了最初的時間觀念。

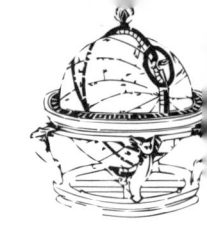

劃分晝夜的標誌，最明顯的當然是太陽和月亮，繼而則是將其與明暗、晴雨、冷熱等聯繫起來，有了一些相對應的概念，如白天、黑夜、炎熱、寒冷、明亮、晦暗等等。

隨著這些觀念的進一步發展，這種具體的、有所指的觀念很快就演變成了對自然界普遍現象的歸納。

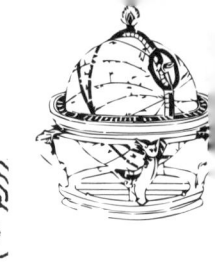

傳說中的伏羲創制八卦，就已經完成了這一步。八卦的基本符號是陰陽，儘管沒有見諸文字，但「陽」和「陰」兩種符號表明其雖無陰陽之名，卻具有陰陽之實。

一般認為，「近取諸身」的來源還包括男女性器官，和「遠取諸物」的晝夜、寒暑、生死等自然現象。

在長期的占卜過程中，古人必會發現，從這對奇偶數的角度加以變化，用三個數字（象徵天、地、人）組成的卦象，只能出現八種程式，即乾（☰）、坤（☷）、艮（☶）、兌（☱）、震（☳）、巽（☴）、坎（☵）、離（☲）這八種模型，分別象徵天、地、山、澤、雷、風、水、火八種自然現象，並以這八種自然現象代表整個宇宙。如果「兼三才而兩之」，用六個數字組成的卦，只能出現六十四種程式，從而除了「象」之外，這些符號還具備了「數」的內容。

《先天八卦圖解》

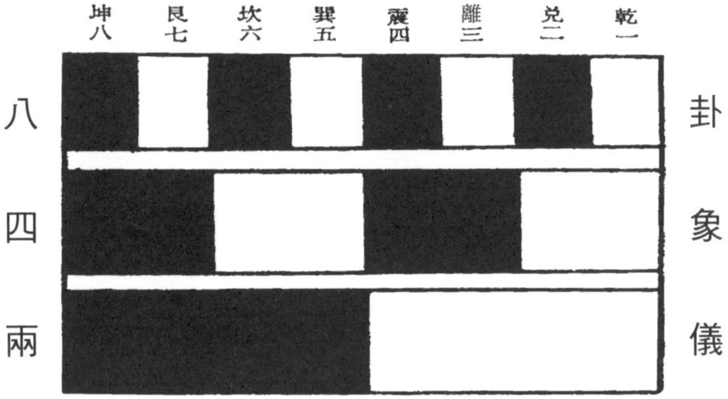
坤八
艮七
坎六
巽五
震四
離三
兌二
乾一
八卦
四象
兩儀

「象」（功能）與「數」還需被納入五行之「理」，才能形成占卜的模型。

「五行」是怎樣為「理」的？

如果溯本求源，就要先由五行的元素談起。有觀點認為，五行的出現應該晚於陰陽，因為除了木、水、火、土之外，金屬的發現與掌握決定了這一點。從出土的大量青銅器推斷，至遲於五千年前後，華夏文明形成之際，先民對作為金屬的青銅屬性之認識已經成熟。而這一時期，正是中國文化選擇機制，乃至世界觀與方法論的形成期。

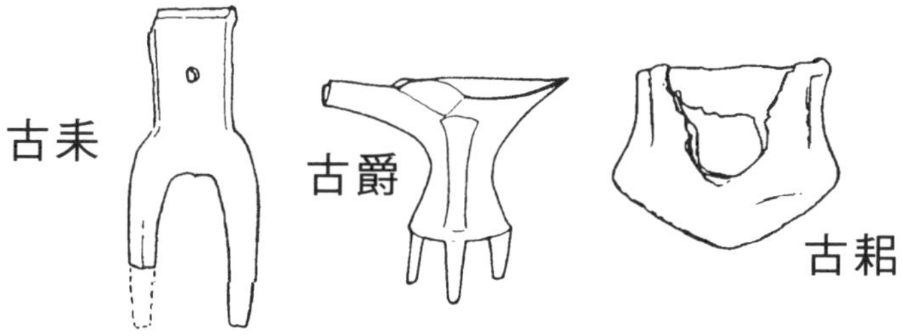

以五行的屬性而言，東漢許慎在《說文解字》中說：木（木），冒也，冒地而生，東方之行；

火（火），毀也，南方之行，炎而上，象形；

土（土），地之吐物者也，二象地之下，地之中物出形也；

金（金），五色金也，西方之行，生於土，從土，左右注也，象金在土中行；

水（水），準也，北方之行，象眾水並流，中有微陽之氣也。

以五行的地理空間方位來說，則是指與五行相對應的「東、西、南、北、中」這五個自然方位。在華夏文明中，用來指稱這五個方位的文字，均來自對自然事物的象形會意。還是援引許慎的《說文解字》：

東（東），動也，從木。官溥說，從日在木中。「東」指日出的方向，即日頭剛剛升出地面，還沒有升上樹梢時的方向，謂之「東方」，東方主生發，在五行歸類中屬木。

西（西），鳥在巢上，是日在西方而鳥棲息的象形，故以為「西」。「西」是指日落的方向，由於鳥是在日落的時候才棲息於巢，所以西也就是鳥入巢、棲息、太陽落下的方向，西方主肅殺，在五行歸類中屬金。

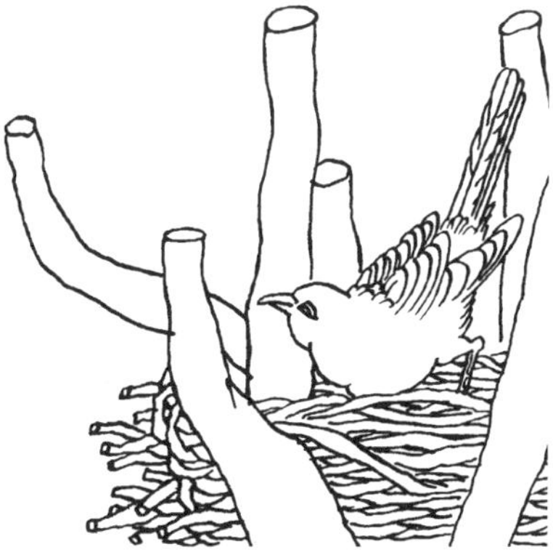

南（南），木至南方有枝任也。「南」是指草木的枝葉向陽，即朝向日中的方向，南方主炎熱，在五行歸類中屬火。

北（北），背也，從二人相背。即與面南相背的方向，謂之北方。北方陰冷，在五行歸類中屬水。

中（中），內也，從口上下通。其方位於四方之內。「中」即在「｜」的上下距離相等的部位加一「○」號，取適中之意，中央主濕潤，在五行歸類中屬土。

「河圖」與「洛書」就是以此為座標對自然流程之「理」所作的實錄。（詳見下一節）

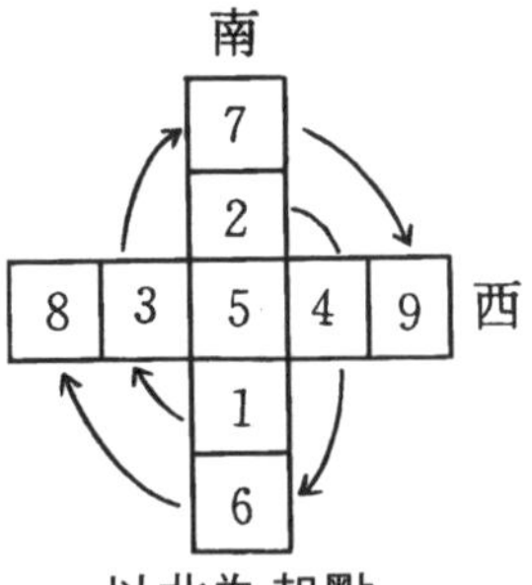

以北為起點

作為模型的「河圖」與「洛書」

中華文化是以模擬和類推的方法來求得與「天道」相符的。所謂「模擬」，就意味著摹仿一個模型，如果摹仿出來的事實與模型一致，它就是正確的；如果摹仿出來的事實與模型不一致，它就是錯誤的。

類推的方法則是一種比較法，即將兩組命題平行地比較下來，用一物來解釋另一物，從已知求未知的方法，因此也可視為模擬法的延伸。

中華文化借以模擬與類推的模型，就是陰陽五行學說。因此，模擬與類推的方法首先要求其模型本身儘可能符合或體現「天道」，乃至實現「與天地平行」的終極意義。我們之所以說「河圖」與「洛書」，乃至《易經》具有無窮的魅力，正是因為它們蘊含這樣的意義。

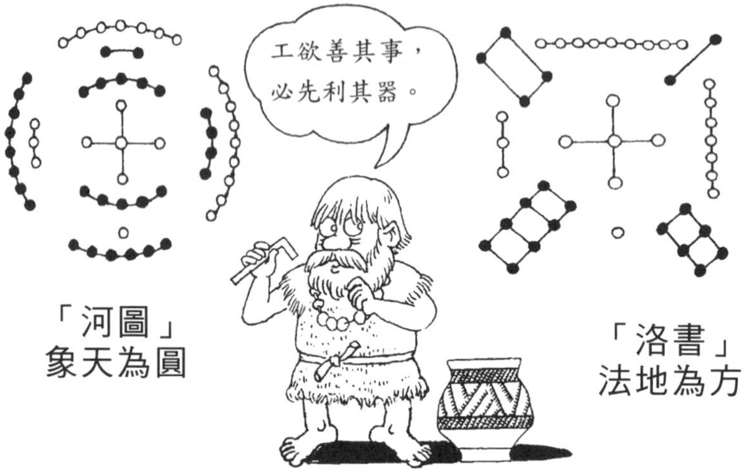
工欲善其事，
必先利其器。
「河圖」
象天為圓
「洛書」
法地為方

因此，五行原理實際上也就是「河圖」與「洛書」之理。「河圖」與「洛書」的出處，最早見於《易經．繫辭傳》，其中有「河出圖、洛出書，聖人則之」之說。由此引申出後人「河出龍馬，洛貢龜書」的美麗傳說。

黃河是怎樣出「圖」的？

這裡的所謂「圖」，即河圖。河圖是整個中華文化體系中的解釋系統，與這一體系中的推理系統「洛書」一樣，它們都具有公理與公設的意義。

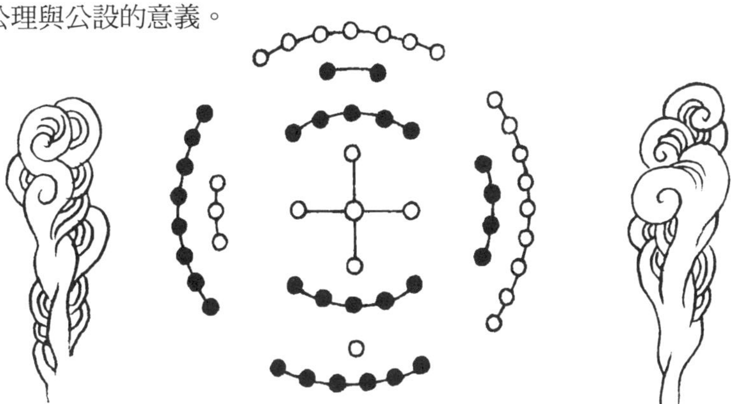

河圖

「一陰一陽之謂道，陰陽莫測之謂神」，中華文化之所以常常被人認為是神祕的文化，恰恰就是由於對河圖與洛書物質基礎的失憶所致。

因為河圖與洛書中蘊含著整個華夏文明的世界觀、方法論，和將宇宙萬物統一起來的邏輯體系。

遠古……
時間從何時開始？空間的極限在哪裡？生命又是如何起源的？萬物繁衍不息，到底受何種意志驅動，又遵循什麼樣的法則呢？

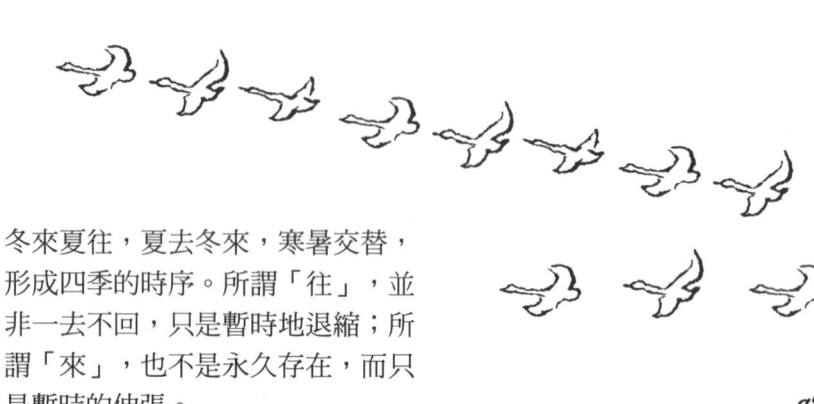

冬來夏往，夏去冬來，寒暑交替，形成四季的時序。所謂「往」，並非一去不回，只是暫時地退縮；所謂「來」，也不是永久存在，而只是暫時的伸張。

陰與陽的交互反應產生了動靜變化，使萬物繁衍。有陰就有陽，有陽就有陰，它們相反相成，循環不已。透過交互作用，體現了天地的法則。

伏羲為天下王的時候，人們經由觀察日月星辰的變化，以及草木的興衰、寒暑交替、霧露霜雪等自然現象，年月日和四季的概念已經形成了。

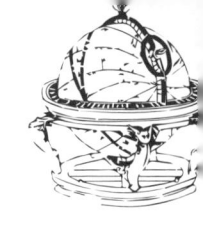

春種、夏長、秋收、冬藏，人們的生活有了依據。

白露早，寒露遲，秋分種麥正當時。

但這一切都還僅僅是自然的表象，在這一表象的背後，一定還有一個更深刻，也更具普遍意義的東西……

那才是宇宙的真諦！這個真諦是什麼呢？它似乎觸手可及，又似乎杳然難尋……

一天，黃河中忽然躍出了一匹「龍馬」，也就在這一刻，伏羲突然感到自己正處於一種強烈的精神震撼之中，發現自己與所膜拜的自然之間出現了一種無可名狀的和諧與一致……

伏羲記下了馬背上的圖案，發現這圖案恰與自己仰觀天文、俯察地理時的心得暗合。原來，這一真諦就隱藏於古人「立竿見影、以正農時」的現象授時之法中。透過圭表，人們已經從功能的層面，窺測到宇宙中那既質樸、又優美的中心機制……

這就是河圖。事實上，它的產生要追溯到古代先民探索天地運動週期時所用的圭表。對此最早進行記載的是成書於西漢的《周髀算經》。「髀」即腿骨，是圭表的另一種稱法。

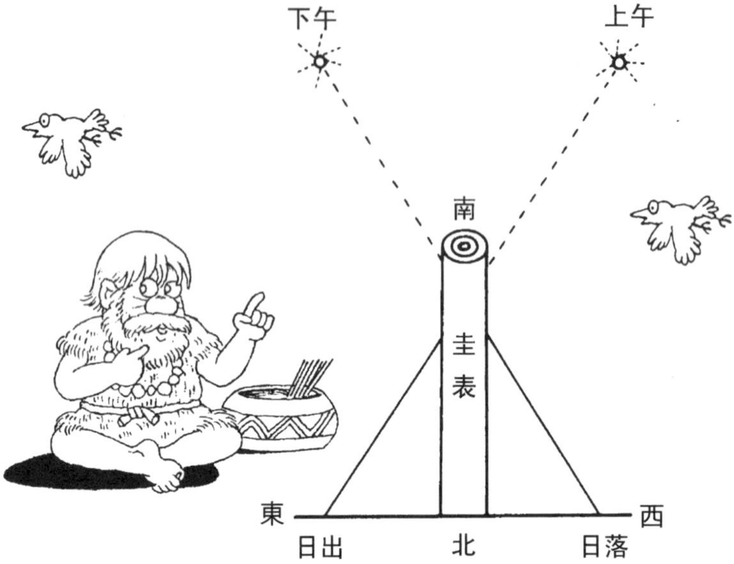

相對於上圓下方的鳥龜被稱作「天生神物」，能夠將天地運行規律和法則絲毫不爽地表現出來的圭表，被稱為「人造神物」。

先民正是根據表影的長短、盈縮、方向變化來計算節氣和制定歷法的。他們首先確定的是冬至和夏至。冬至這一天正午的日影最長，於是這一天就成了一年的起算點。

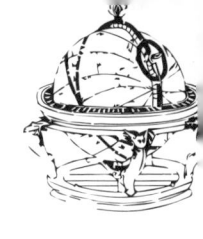

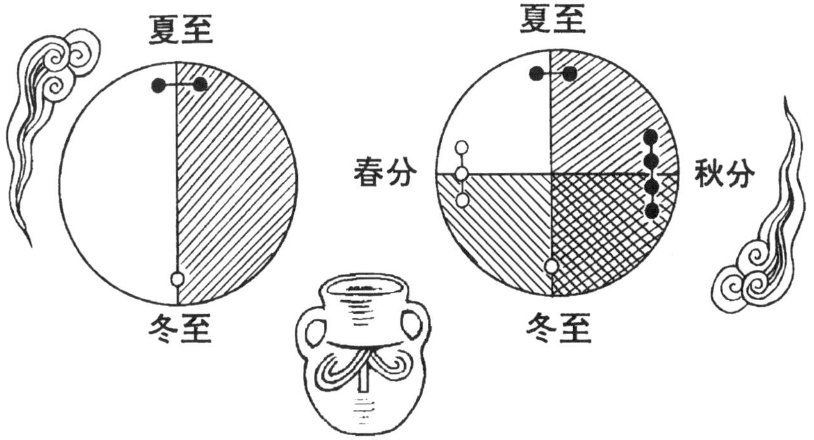

夏至與冬至平分黃道圈，體現了「一分為二」的陰陽之道。同時，陰陽二氣也就有了形象 —— 奇數的「一」與偶數的「--」。又由於春分與秋分晝夜之比大致平均，以此二點為界，又將周天分為上下兩半。這樣，二分連線與二至連線便將天球劃分為四，形成了四季。

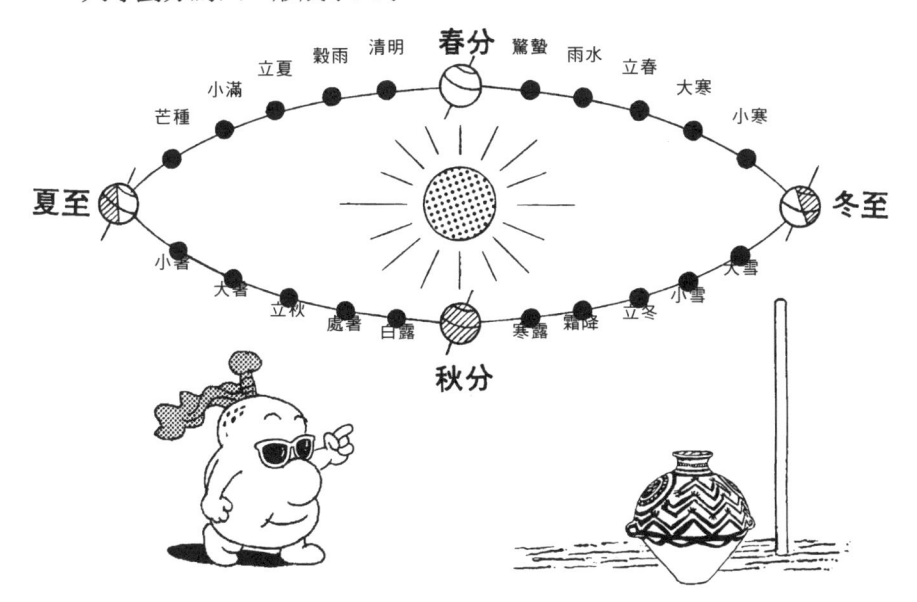

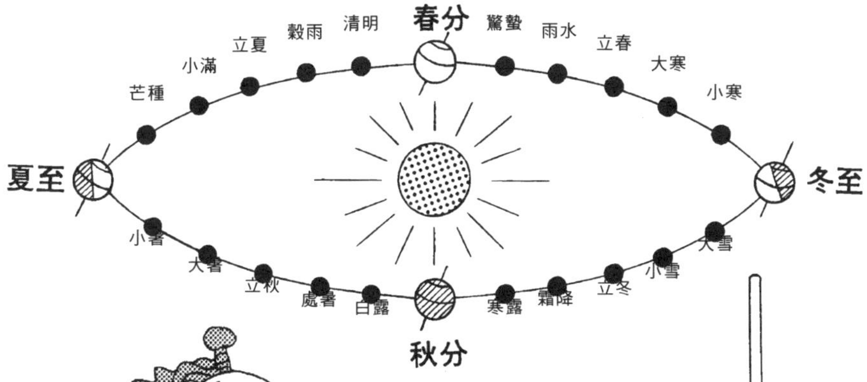

如前所述，陰與陽的本義是「明」與「暗」。在一年的晝夜變化中，二至二分點將黃道一分為四，也就產生了太陰、太陽、少陰、少陽四個部分：從冬至到春分為少陽，從春分到夏至為太陽；從夏至到秋分為少陰，從秋分到冬至為太陰。「太」者多也，「少」者少也。太少陰陽即陰陽的多少之別，它們分屬四季。

陰陽二氣除了可以按上述形式分為太少陰陽外，又可根據黃河中下游平原的季候特點，定義為三陰三陽六氣。

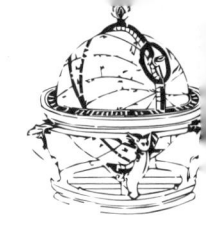

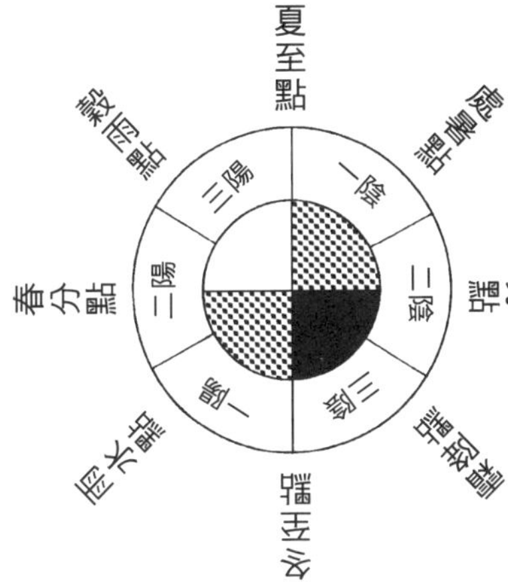

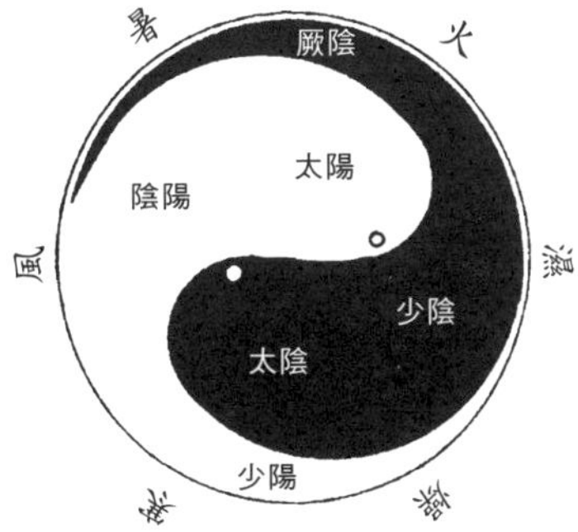

在此基礎上，進一步還可將一年十二個月分為六陰六陽。

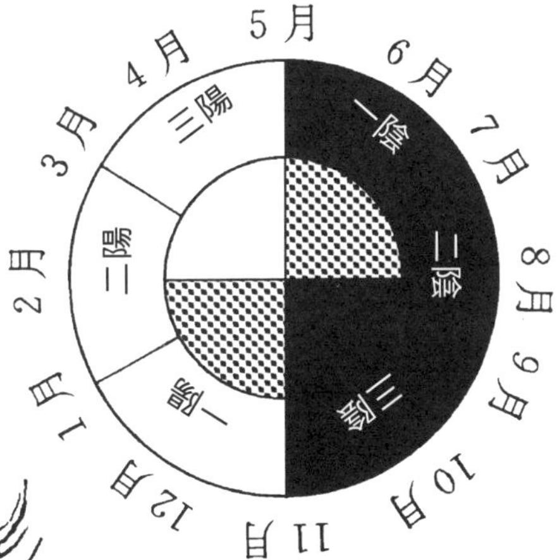

十一月冬至日，南極陽來而陰往，北方陰冷屬水，陰極生陽，於是一陽始生，所以一陽為水的生數。

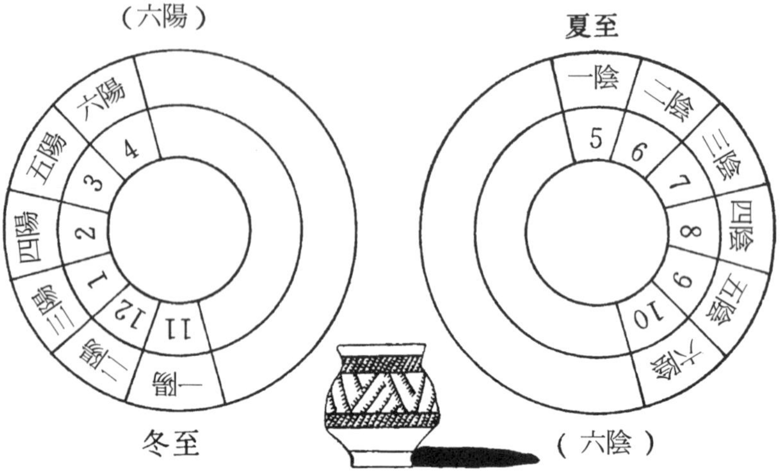

五月夏至日，北極陰進而陽退，南方酷熱屬火，陽極而生陰，於是一陰始生，所以（五）六月的二陰是火的生數。

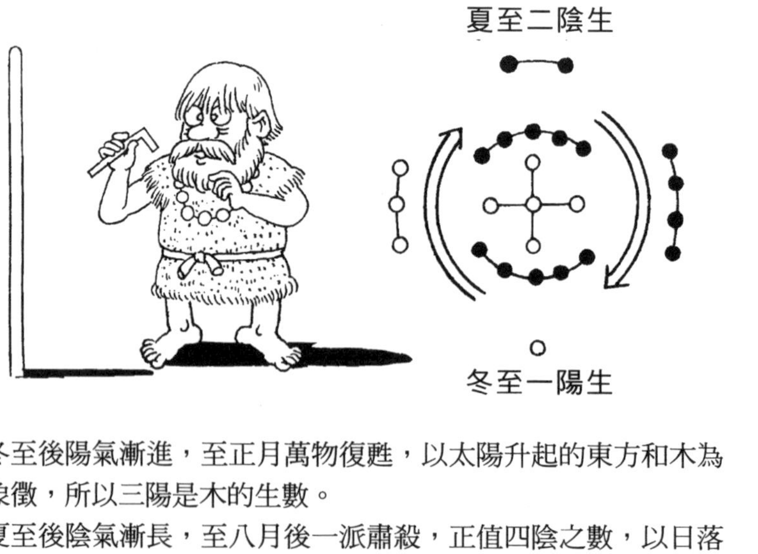

冬至後陽氣漸進，至正月萬物復甦，以太陽升起的東方和木為象徵，所以三陽是木的生數。

夏至後陰氣漸長，至八月後一派肅殺，正值四陰之數，以日落之處的西方和具有收斂作用的金為象徵，所以四是金的生數。

大地養育萬物、承載萬物，其功能於四季之末變化最為明顯，所以季春、季夏、季秋、季冬，即三、六、九、十二月的最後十八天，被概括為土。

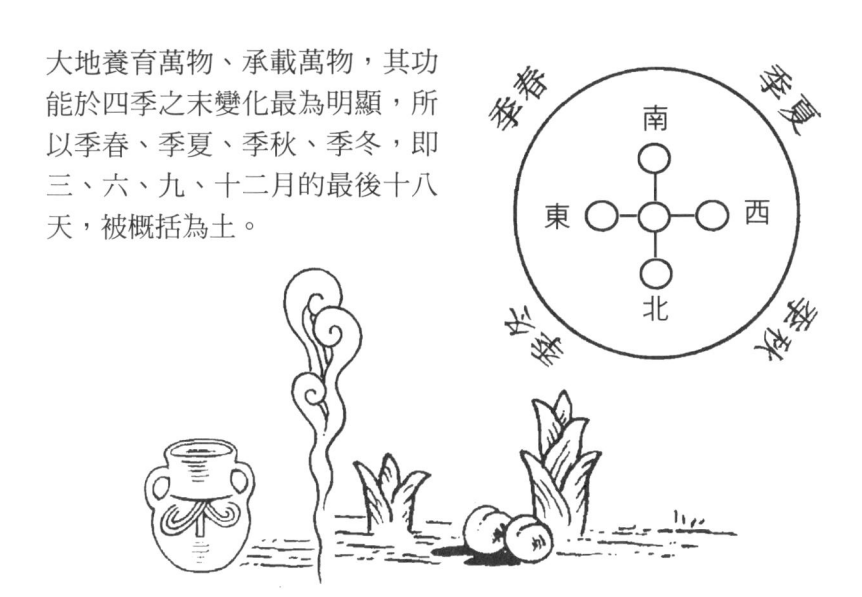

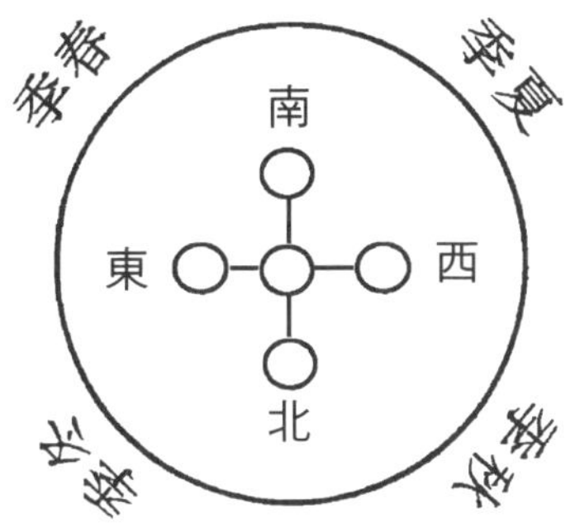
季春
季夏
南
東
西
北
季冬
季秋

又由於春為四季之首，三月當五陽之數，故以五為土的生數，在中央統帶四方，不應月建。

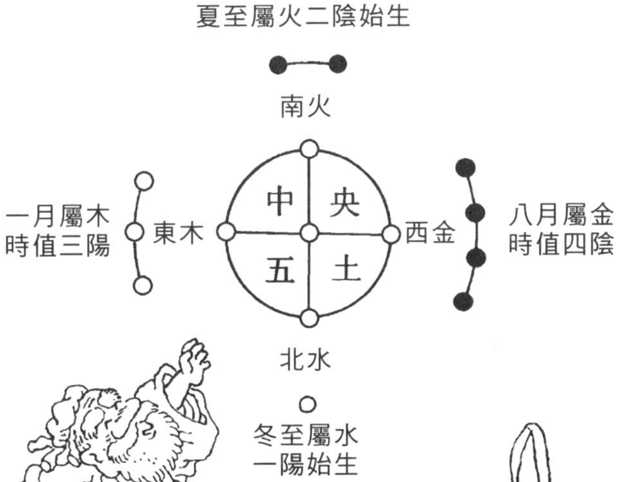
夏至屬火二陰始生
南火
一月屬木
時值三陽
東木
中
央
五
土
西金
八月屬金
時值四陰
北水
冬至屬水
一陽始生

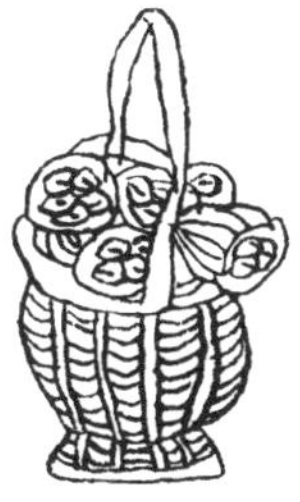

圖中六、七、八、九、十為成數，是以水、木、火、金四生數各加中央五而得，而土本身是五，再加中央五，故其成數為十。土生萬物後，成數被賦予了更大的生機，從而詮釋了自然界從「生」到「成」的整個循環過程。

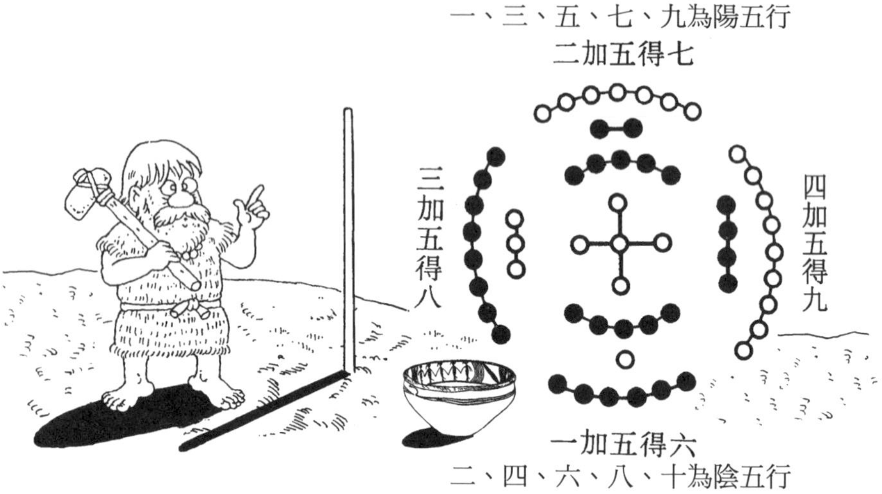
一、三、五、七、九為陽五行
二加五得七
三加五得八
四加五得九
一加五得六
二、四、六、八、十為陰五行

同時，河圖又是木、火、土、金、水五星在一定時間中出沒的實錄。以年為例：水星十一月、六月黃昏時見於北方；木星三月、八月黃昏時見於東方；火星二月、七月見於南方；土星五月、十月時見於中天；金星四月、九月黃昏時見於西方。

河圖之數相加，產生了「天數五十五」的天地生成圖，也即以時間和空間為坐標，從功能層面對宇宙萬物總體把握的自然模式圖。

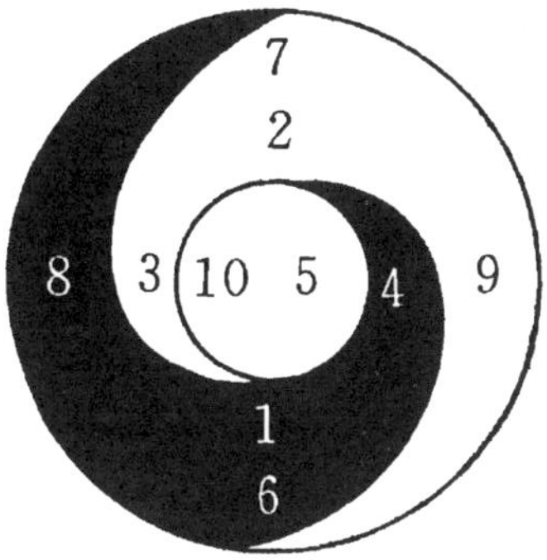

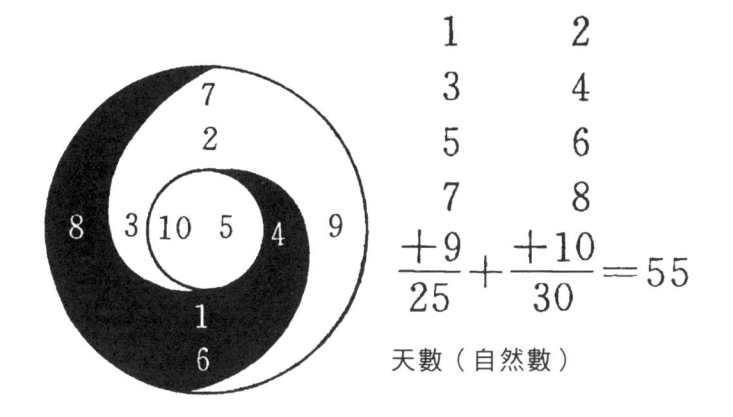

$$\begin{array}{r} 1 \\ 3 \\ 5 \\ 7 \\ +9 \\ \hline 25 \end{array} + \begin{array}{r} 2 \\ 4 \\ 6 \\ 8 \\ +10 \\ \hline 30 \end{array} = 55$$

天數（自然數）

「大衍之數」架構起來的時空模型

河圖之數五十五，再減去一個生數五為五十，五十之數正好與古人在歸納其時空模式中發現的勾股定理平方和一致。這一從天地功能空間中總結出來的數字，概括了天地之理，因而被稱作「天道之數」。

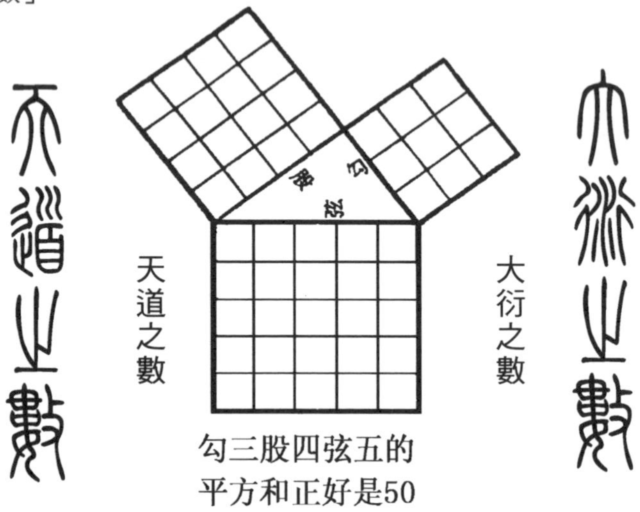
天道之數
大衍之數
股
勾
弦
天道之數
大衍之數
勾三股四弦五的
平方和正好是50

「大衍之數」的「大」指宇宙至極，「衍」即演算。古人認為這個「天道之數」體現了時空變化的種種信息，所以要掌握事物的演變規律，就離不開這些數字。

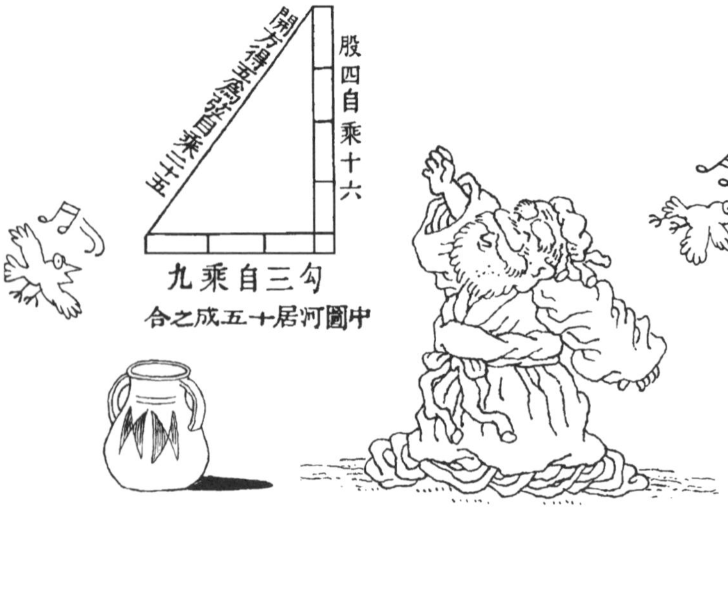
開方得五為弦自乘二十五
股四自乘十六
勾三自乘九
合之成五十居河圖中

筮法中所說的「大衍之數五十，其用四十九」，也是古人從圭表的運用中歸納所得，而也只有「留一不用」，才能透過河圖之數的模擬，得到「六、七、八、九」這四個代表陰陽老少的河圖外圍之數。

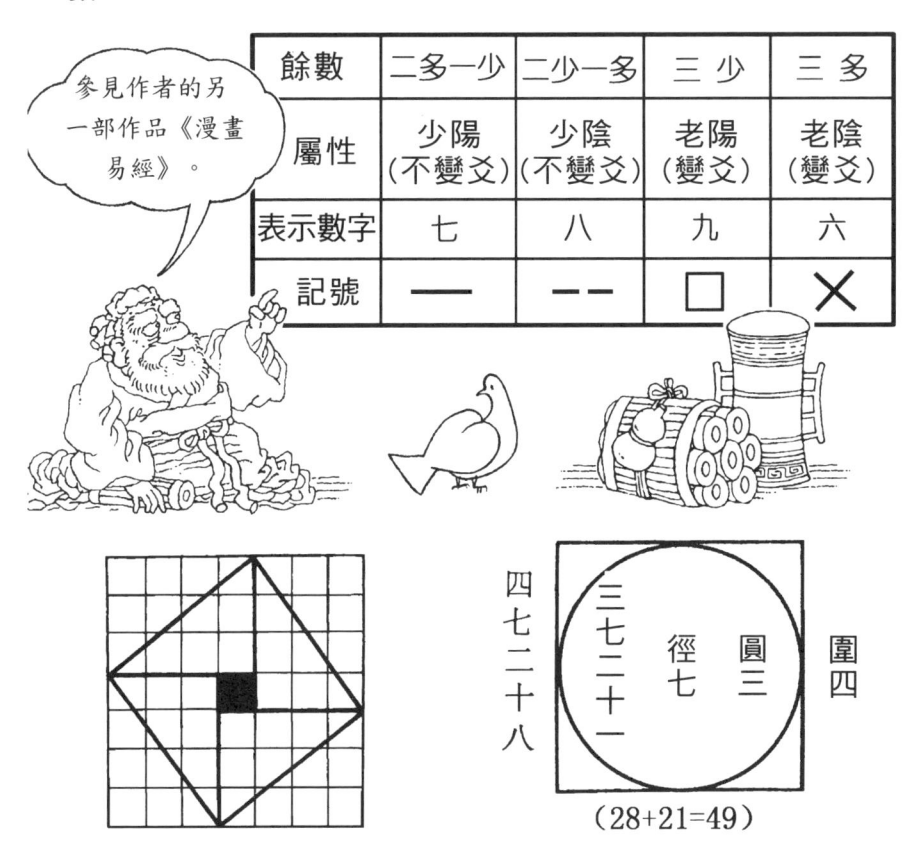

餘數	二多一少	二少一多	三 少	三 多
屬性	少陽（不變爻）	少陰（不變爻）	老陽（變爻）	老陰（變爻）
表示數字	七	八	九	六
記號	—	- -	□	×

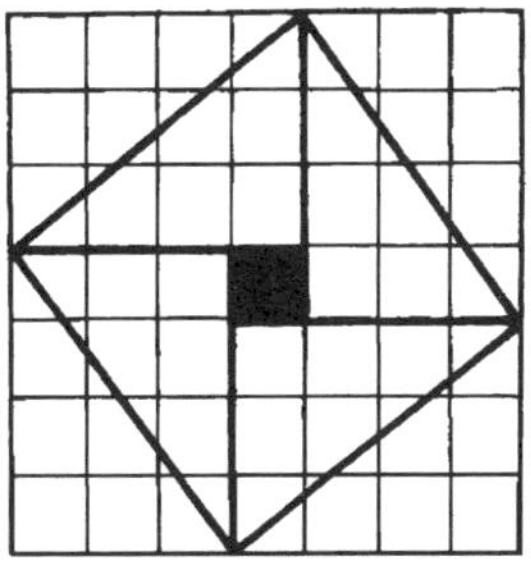

（28+21=49）

此圖表示河圖系統中二十八宿天區，正好是八個三角形面積之和，七七四十九。

此為「規天矩地」之圖，以四方星宿之七為徑，天（圓）地（方）相加，亦得出「其用四十九」之數。

同時「留一不用」，又不僅限於求卜問卦時的運籌之需，同時也以其所蘊含的深刻哲理，直接影響著中國人的生活態度。因為透過「留一」，就可以由此生出總數。如果什麼都用盡了、丟棄了，一切也就都沒法重來了。

河圖就是古人對宇宙功能的總體把握、對自然譜系的實錄，是整個中華文明的統一場。也正是以此為模型，伏羲將「仰觀天文，俯察地理，近取諸身，遠取諸物」時的概括所得納入其間，完成了揭示自然法則、模擬萬物情狀的「先天八卦圖」。

「先天八卦」是如何產生的？

首先，伏羲將河圖中的數字進一步「格物窮理」，概括為「1」與「2」。但由於地是天（自然）的一部分，所以天由自身的一加二，也就是「三」來象徵。

八卦中所應用的數字都是由「三天」、「二地」所生，如七是少陽，八是少陰，九是老陽，六是老陰。

即：

2＋2＋3＝7（少陽）

3＋3＋2＝8（少陰）

（純天數）3＋3＋3＝9（老陽）

（純地數）2＋2＋2＝6（老陰）

伏羲的先天八卦是這樣生成的：太極中藏五、十，產生了中央四方和天地，兩儀中藏生成數，孕育了宇宙萬物。

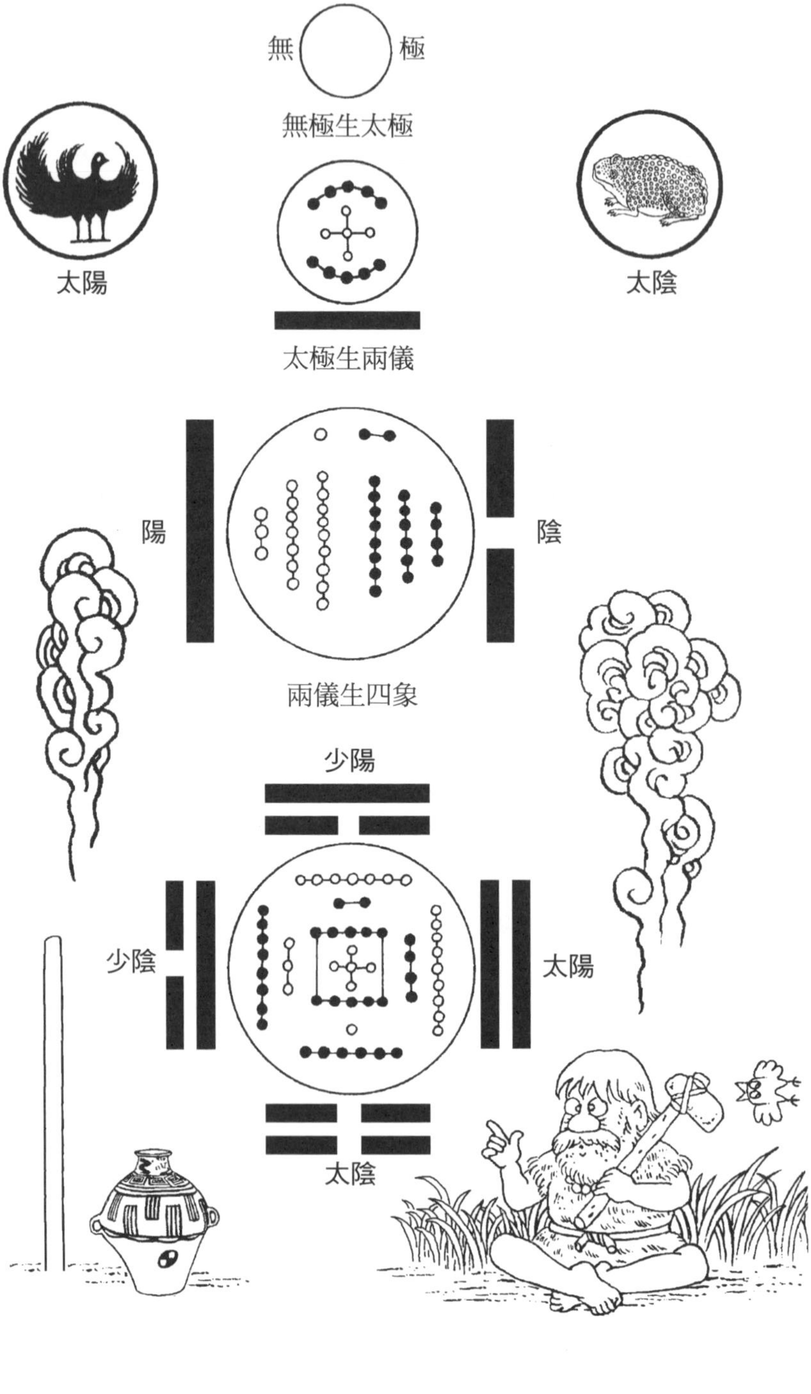
無
極
無極生太極
太陽
太陰
太極生兩儀
陽
陰
兩儀生四象
少陽
少陰
太陽
太陰

四象中藏河圖全數，產生了陰陽老少，四象既成，然後各加奇偶「——」、「－－」，就得到了集象、數、理為一體的先天八卦圖。

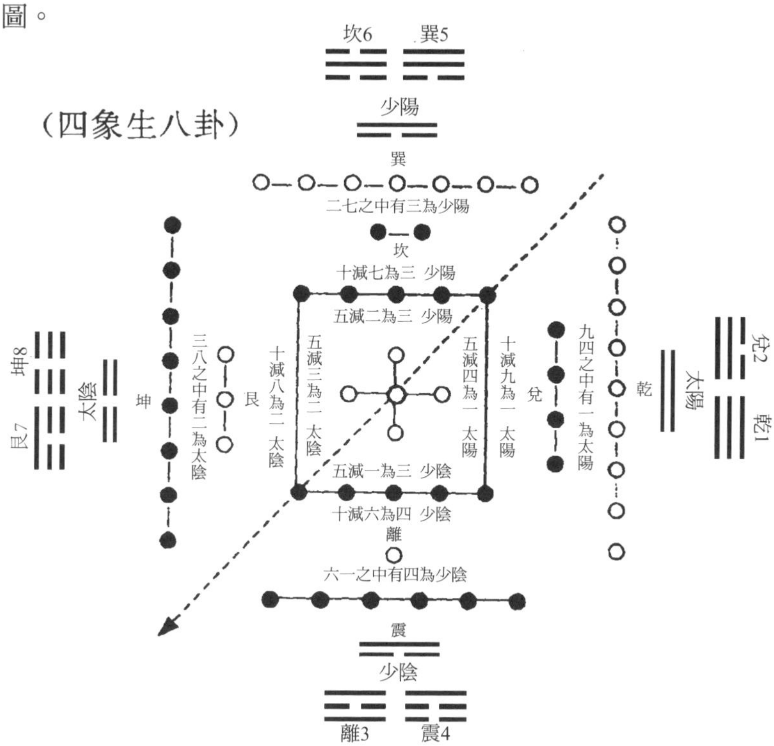

(四象生八卦)
坎6
巽5
少陽
巽
二七之中有三為少陽
坎
十減七為三 少陽
五減二為三 少陽
坤8
艮7
太陰
坤
三八之中有二為太陰
艮
十減八為二 太陰
五減三為二 太陰
五減四為一 太陽
十減九為一 太陽
兌
九四之中有一為太陽
乾
太陽
兌2
乾1
五減一為三 少陰
十減六為四 少陰
離
六一之中有四為少陰
震
少陰
離3
震4

但何以得到的是這樣一幅「倒」放的八卦圖呢？原來這是由於河圖是從宇宙，也即從客觀的角度來描述大地的，所以其數字為右旋逆行，形成陰魚（即「儀」）在上，陽魚在下的逆時針倒太極圖。

坎
巽
乾
兌
離
震
坤
艮

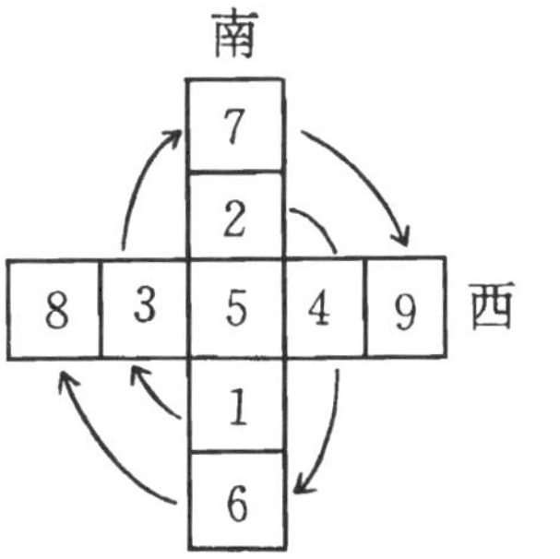

南
西
7
2
8
3
5
4
9
1
6

以北為起點
（左順右逆）

但古人通過「生氣上旋，羊角而升」的現象，感悟到了日月實際右行的事實，所以作卦時採用了相對運動的簡化技巧，以圖中斜線為軸，把該圖翻轉180度，從而將其還原成從主觀，也即從大地角度的左旋順行了。

生氣上旋
羊角而生

乾
巽
坎
艮
坤
震
離
兌

先天八卦圖

由此，不僅陰陽魚顛倒過來，而且陽儀乾、兌、離、震四卦與陰儀坤、艮、坎、巽四卦的位置也隨之改變，恰與先天八卦方位相合。

此說見1996年《光明日報》系列連載繼斌與關穆所著之「神聖太極」。

其中乾象徵天，坤象徵地，天高地低，南高北低。艮象徵多山的西北，兌象徵多水的東南，山上的水流入澤中，然後蒸發為雲，透過下雨的形式，再從山上流下來，互為補充。震象徵多雷的東北，巽象徵多風的西南，風雷相互鼓動，發生作用。坎象徵水，離象徵火，兩者性質相反，但相互作用，彼此不相厭惡。乾天主宰萬物，坤地包藏萬物，各有其獨特功能，互相協調，使其在一定的範疇內保持平衡，貫穿五行相生之理。

先天八卦圖

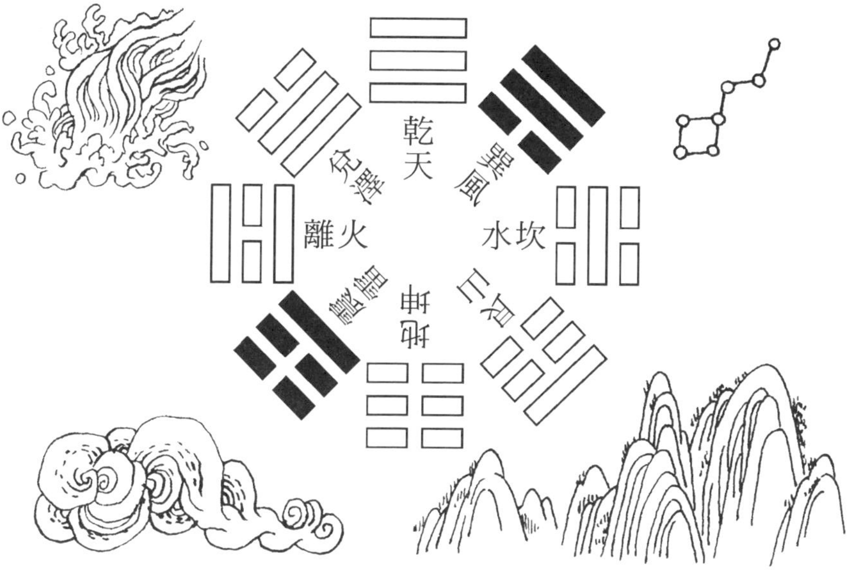

從卦形上看，四組卦的卦形各爻陰陽恰好相反，具備了「旁通」（對立統一）的關係。

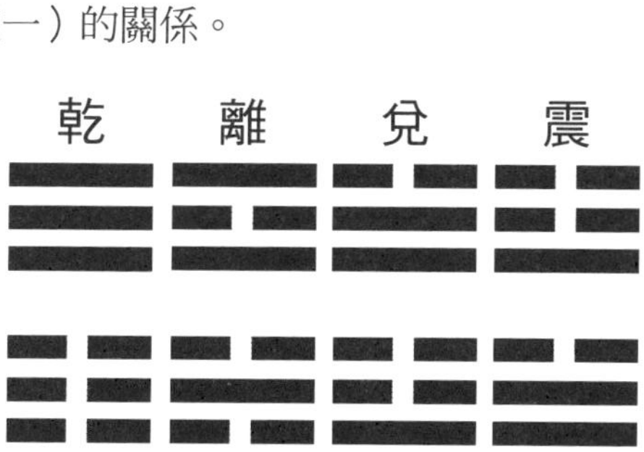

如此，天地風雷等自然現象相互交錯，森羅萬象，便都盡收其中，可以用以了解過去、推斷未來。其中四陽卦逆時針而動，取義天體旋向；四陰卦順時針而動，表示大地感受氣場的旋向。了解過去，可以按其發展順序向後順推；判斷未來，是由已知推測未知，往前倒算。

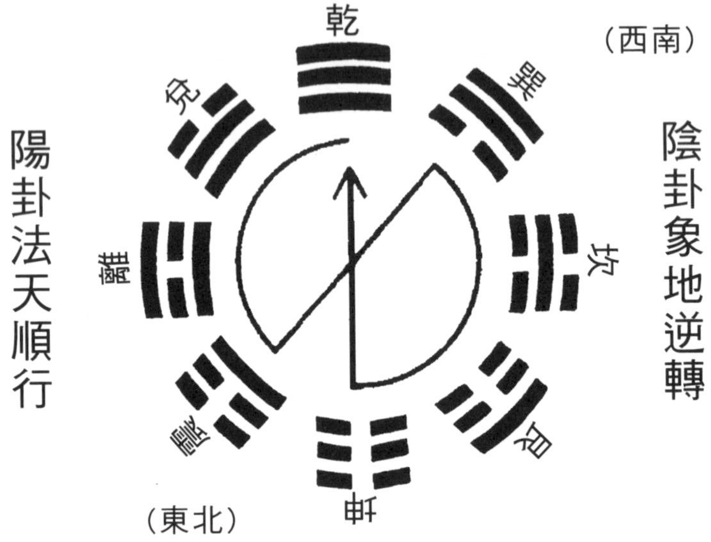
乾
（西南）
巽
兌
陽卦法天順行
陰卦象地逆轉
離
坎
震
艮
坤
（東北）

陰根於陽，陽根於陰，獨陰不生，獨陽不長，陰變陽合，循環無端，宇宙間的這一根本規律，就這樣被納入其中了。

陽
陰

「易有太極，是生兩儀，兩儀生四象，四象生八卦。」但八卦仍然不足以包容宇宙間的森羅萬象，所以又將八卦重疊成六十四卦，這樣一來，陰陽六爻錯綜推移，自然界的一切變化，就都包含在內了。

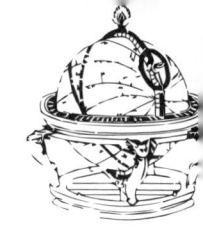

八卦因為有「象」而充滿生機，因為有「數」參與，而形式完美；因為有「理」，而邏輯嚴謹。圖中左方是陰爻在外，陽爻在內；圖中右方是陰爻在內，陽爻在外，象徵陰陽二氣不斷消長循環。

洛水是怎樣出「書」的？

這之後差不多過去了八百年，當時洪水泛濫，懷山襄陵，百姓流離失所……

大禹臨危受命，婚後第四天就率眾治水，並且三過家門而不入……

但是各種辦法都用過了，大禹始終沒有找到治水的良策。這天……

一隻五彩的神龜出於洛水，龜背上的型態如同文字，大禹當即記下了龜背上的圖案。

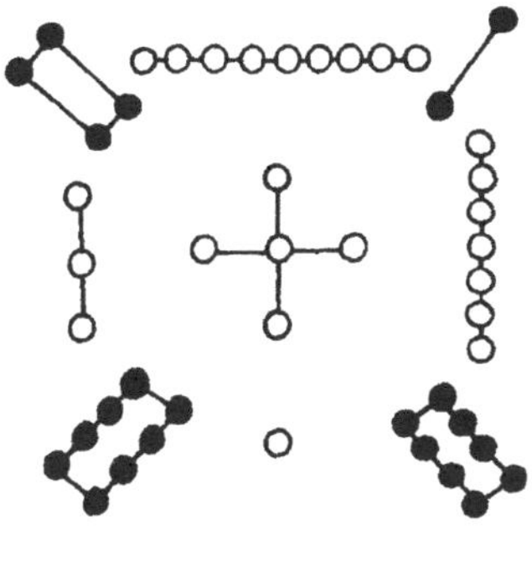

洛書

這就是「洛書」，也即「洪範」。它戴九履一，左三右七，二、四為肩，六、八做足，五居中央。

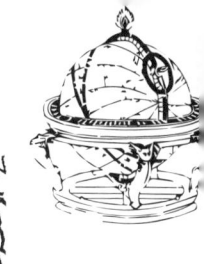

洛書奇偶相合的道理是：一與六相含為水，二與七相含為火，三與八相含為木，四與九相含為金。因而從數字上看，六數在一數旁，二數在七數旁，八數在三數旁，四數在九數旁，五數在中央而不顯十數。這正含河圖一得中五而成六，二得中五而成七，三得中五而成八，四得中五而成九的五行生成原理。

四九為金

三八為木（左） 二七為火（右）

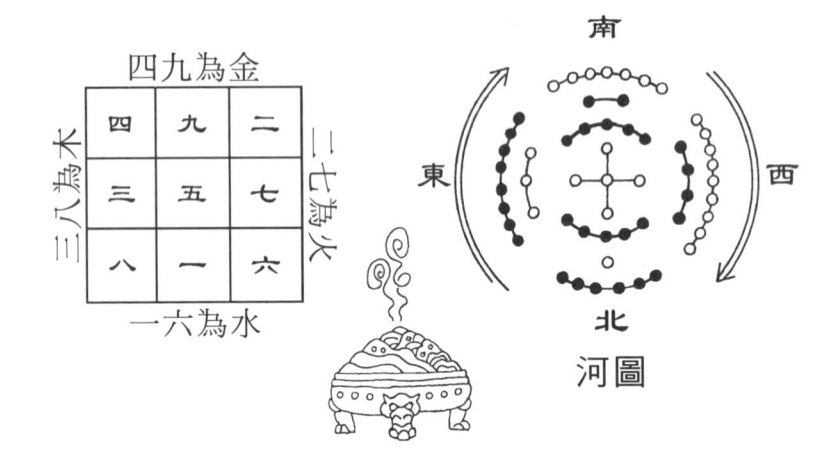

四	九	二
三	五	七
八	一	六

一六為水

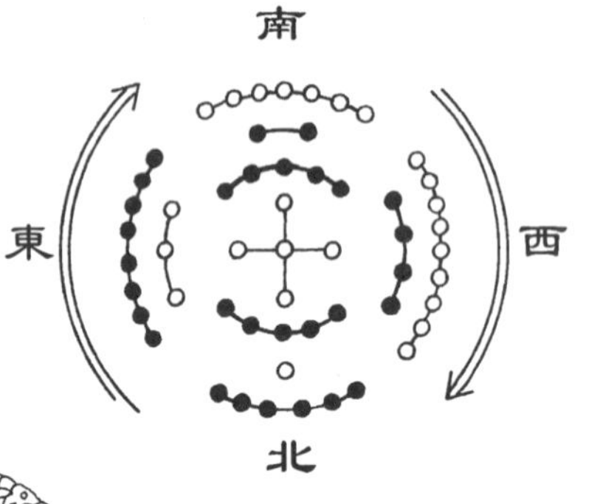

河圖

上方四、九與下方六、一相對，成為金能生水之數，右方二、七火與左方三、八木相對，成為木能生火之數。再作用於中央五土，就形成了既對立統一，又相互制約的宇宙法則。

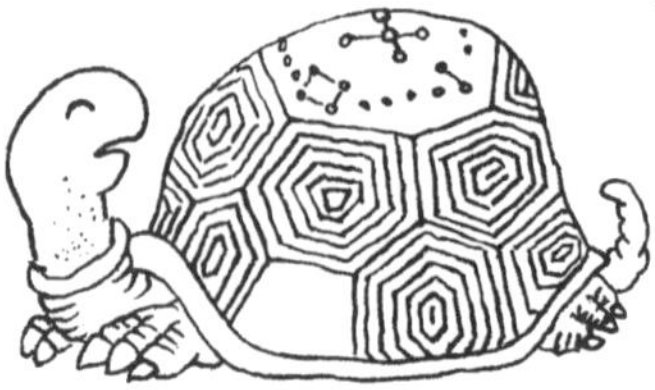

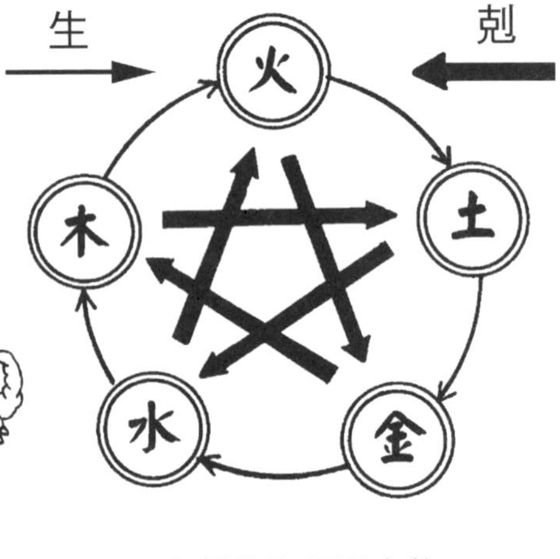

五行相生取河圖之數
五行相剋取洛書之數

河圖之數從一至十，以生為體，是全數；

洛書之數從一至九，以剋為用，不含十，但除中央五象天外，四方四隅對待均成十。

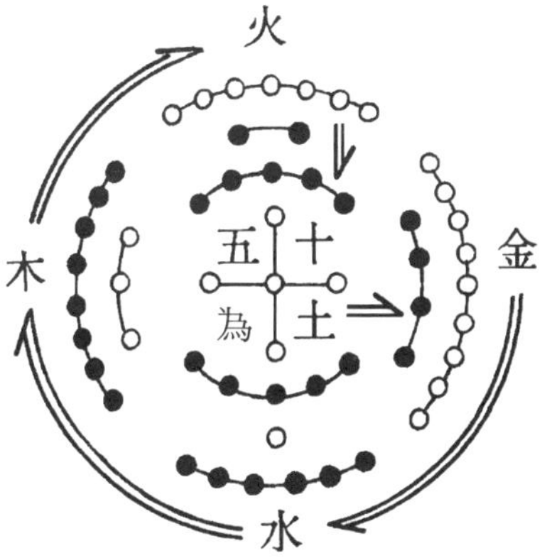
火
木
金
水
五
十
為
土

（河圖）

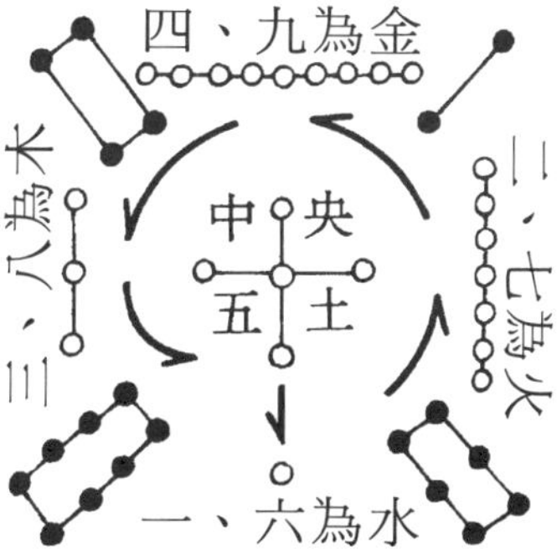
四、九為金
三、八為木
二、七為火
一、六為水
中
央
五
土

（洛書）

⟹ 左旋相生

↽ 右轉相剋

1+9=10　4+6=10

2+8=10　3+7=10

同時它的縱橫各數相加都等於十五，生動地再現了統一中有變化、變化中有統一的複雜宇宙現象。

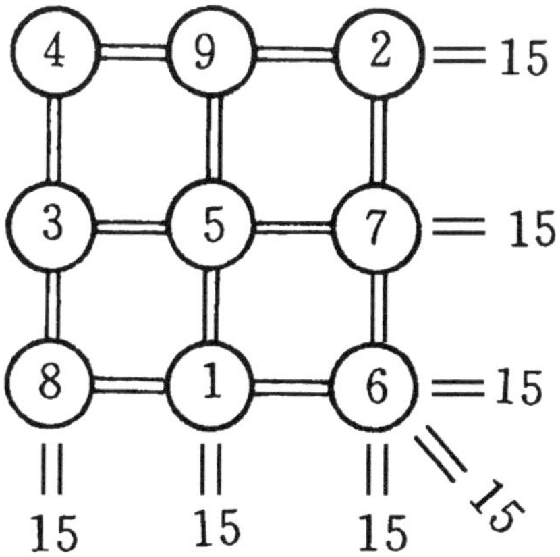
4
9
2
= 15
3
5
7
= 15
8
1
6
= 15
15
15
15
15

也即構成了「宇宙宏觀與微觀動力模型的最簡單形式」。

洛書之數同樣具備法天象地，取法自然之功用，其數可根據天三地二的法則理解，奇數以三為演數：

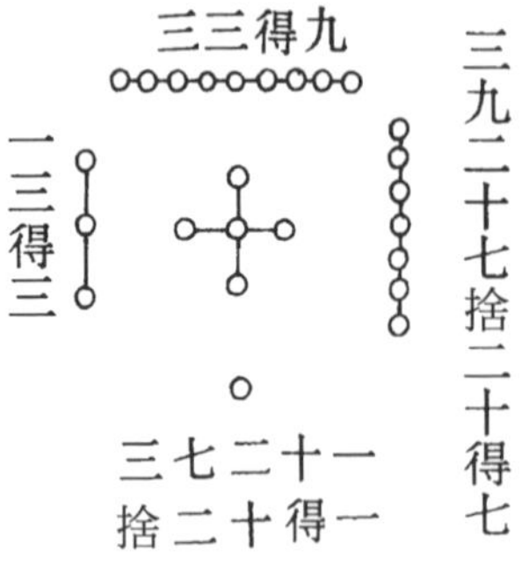
三三得九
一三得三
三九二十七捨二十得七
三七二十一捨二十得一

陽數法天順行，表現日月東升西沒。

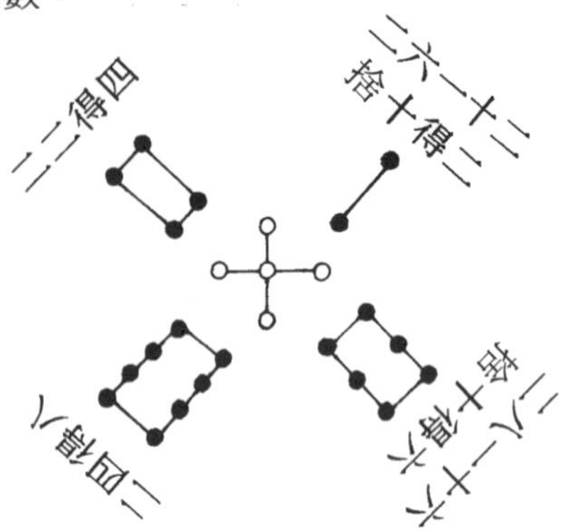
二二得四
二六一十二捨十得二
二八一十六捨十得六
二四得八

偶數則以二為演數，象地逆行，效江河東去。

至此，洛書以其所揭示的「宇宙宏觀與微觀動力模型的最簡單形式」，與河圖的時空模型一起，構成了整個中國文化的解釋系統與推理系統。華夏文明之所以號稱「博大精深」，就賴於其有著這樣一個可以用數學語言來描述的邏輯體系——象數模型。

據說大禹由此悟出了宇宙萬物的生剋之理，萬事通達，始「廣用勾股弦」，開九山、掘九河、治九州，一舉整治了浩蕩的洪水。

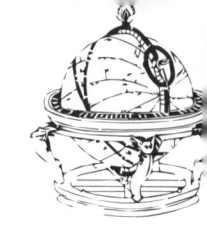

何謂「後天八卦」？

這以後，夏、商、周三代各依據河洛的體用關係，以及對先天八卦的感悟，分別變化出《連山》、《歸藏》和《周易》，稱作「古三易」。它們均以「八表同昏」之法，也即河圖、洛書的原理為依據。夏、商、周各代在運用時同中有異，《周易》則是周人對易學的總結。由於自漢代以後上升為「經」，故後世稱其作《易經》。

河圖之數五十五，洛書之數四十五，相加為一百；河圖占一、三、五等先天奇數，洛書占二、四兩個先天偶數。一、三、五相加為九；二、四相加為六。

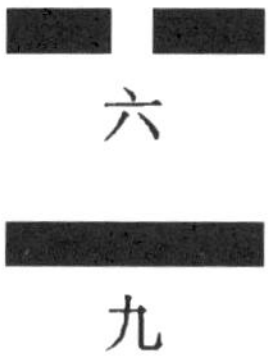
六
九

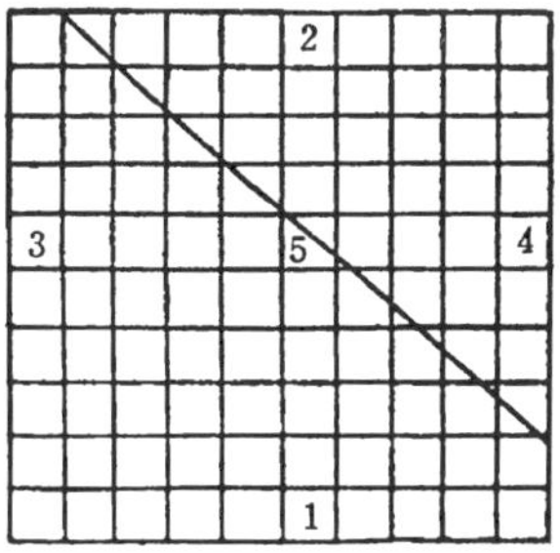
2
3
5
4
1

周易用六用九圖

故《周易》中，陽爻皆用「九」、陰爻皆用「六」來象徵。
易經

「古三易」的卦符、卦名、卦序不同，但都有八經卦、六十四重卦。前兩者已失傳。就《周易》而言，它是商朝末年，周文王被囚羑里時所作。

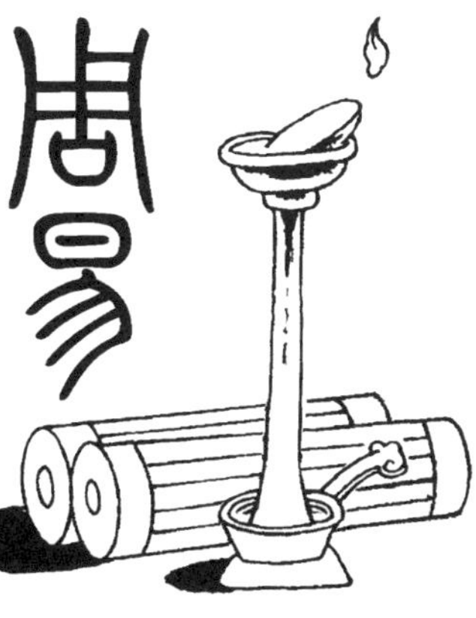
周易

在《周易》中，姬昌在伏羲八卦的基礎上，變先天之體為後天之用，將「對待之易」轉為「流行之易」，也即後天八卦。後天八卦實際上是先天八卦的自然屬性發生作用後的結果，即：火為陽，上升為天用；水為陰，下降為地用；水火相交而成萬物，呈現出更加富於生機的時空系統。

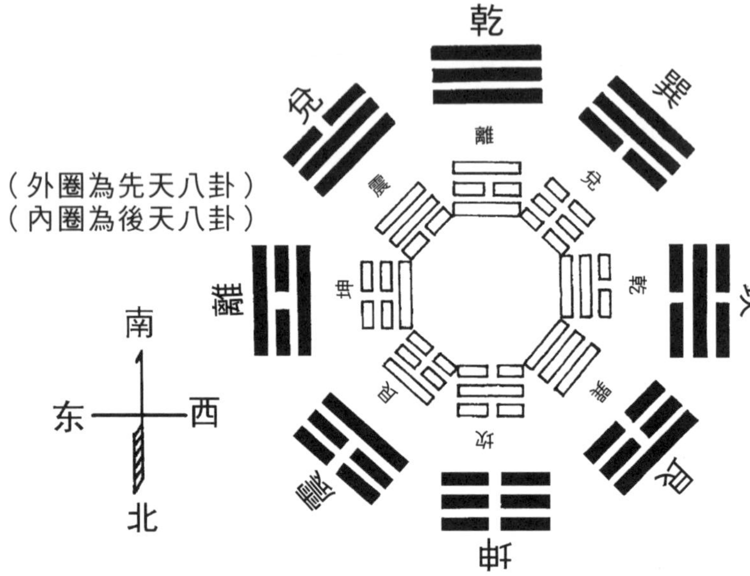
乾
巽
坎
艮
坤
震
離
兌
離
兌
乾
巽
坎
艮
坤
震
（外圈為先天八卦）
（內圈為後天八卦）
南
东
西
北

其次序為：先天八卦的乾中爻與坤相交為離，升至南；坤中爻與乾相交為坎，降至北；
離初爻與坎相交為艮，居東北；坎初爻與離相交為兌，居正西；離中爻與坎相交為乾，居西北；坎中爻與離相交為坤，居西南；離上爻與坎相交為震，居正東；坎上爻與離相交為巽，居東南。

後天八卦生成後與洛書之數重合，就形成了被後世稱作「宏觀與微觀動力模型的最簡單形式」的「九宮八卦圖」，作為華夏文明的推理系統，在哲學、科學及文化中被廣泛應用，

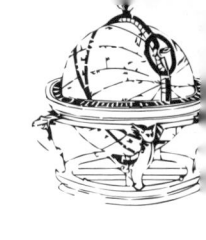

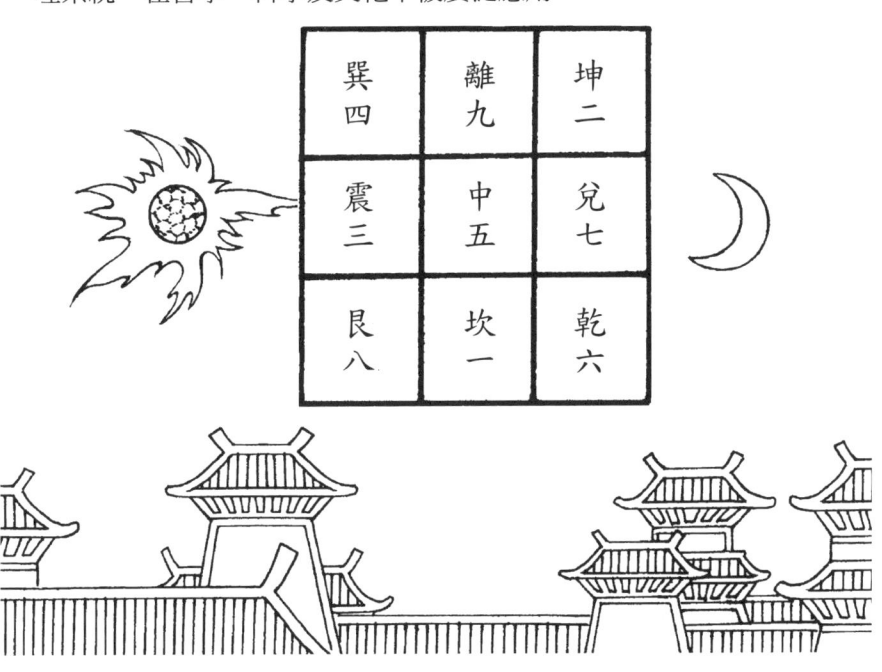

巽四	離九	坤二
震三	中五	兌七
艮八	坎一	乾六

諸如建築、數學、音樂、繪畫、書法、中醫中藥，還有圍棋等等。

四、爲什麼說太極圖是自然譜系的實錄？

太極圖以其形式上的完美和邏輯上的嚴謹，為哲學的介入提供了「至大無外、至小無內」的充足空間，為中華文化的形成奠定了形而上的堅實基礎，更使辯證科學的理論即便在實證科學飛速發展的今天也不致失效。

《呂氏春秋・當賞》中說：「民無道知天，民以四時寒暑、日月星辰之行知天。」一年又一年，一代又一代，隨著對日月星辰進行長期連續不斷的觀察、記錄，古代的先民對「天」的發現不斷地豐富，認識也漸趨深化。

斗柄指東，天下皆春；
斗柄指南，天下皆夏；
斗柄指西，天下皆秋；
斗柄指北，天下皆冬。

正是在這樣的基礎上，特別是由於中華文化的選擇機制與「天道之數」的作用（參見第三節），使我們的祖先歸納出了在中華文化中具有決定意義，並足以「感動世界」的象數符號——太極圖。

但是眾所周知，現在的太極圖實際上是宋代以後傳世的，我們之所以將其推論得更早，理解為是對河圖的一種還原，其依據是《易經・繫辭上》中對河圖的描述：

> 天一地二，天三地四，天五地六，天七地八，天九地十。天數五，地數五，五位相得而各有合。天數二十有五，地數三十，凡天地之數，五十有五，此所以成變化而行鬼神也。
>
> 《易經・繫辭上》

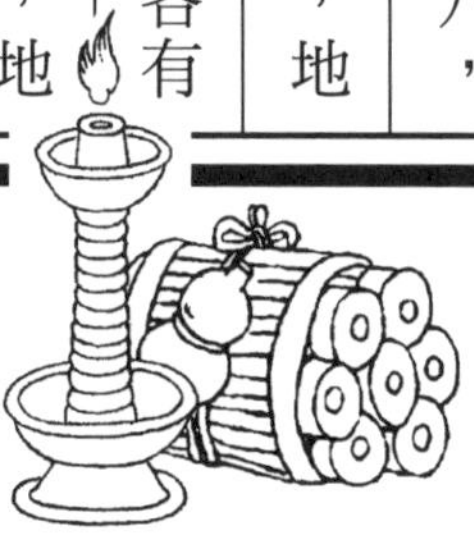

前面我們已經談到，河圖是以數字為形式，對自然流程，也即對天地相對運動中暨四季變化週期的實錄。那麼按照事物由具象而抽象的一般規律，這一組嚴謹的數字一定產生於對具體形象的概括。

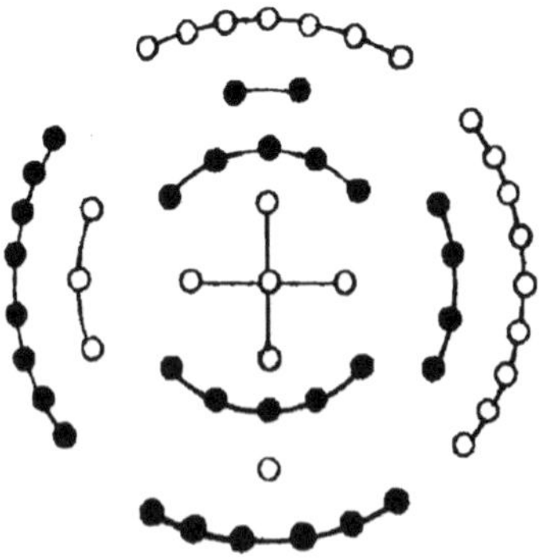

河圖

既然河圖是在一個回歸年中，對太陽在圭表下所投光影的實錄，那麼光為陽，影為陰，陰陽應該是其最初的形象。

請看：圖中二十四等分表示一年中的二十四節氣，每分又表示十五天中的日影盈縮情況，然後將圓圈用六個等分半徑分成六份，每等分代表四個影長單位，表示一個月的日影盈縮情況，再把二十四個日影長度用曲線相連，陰影部分填黑，即成此圖，也即原始太極圖。

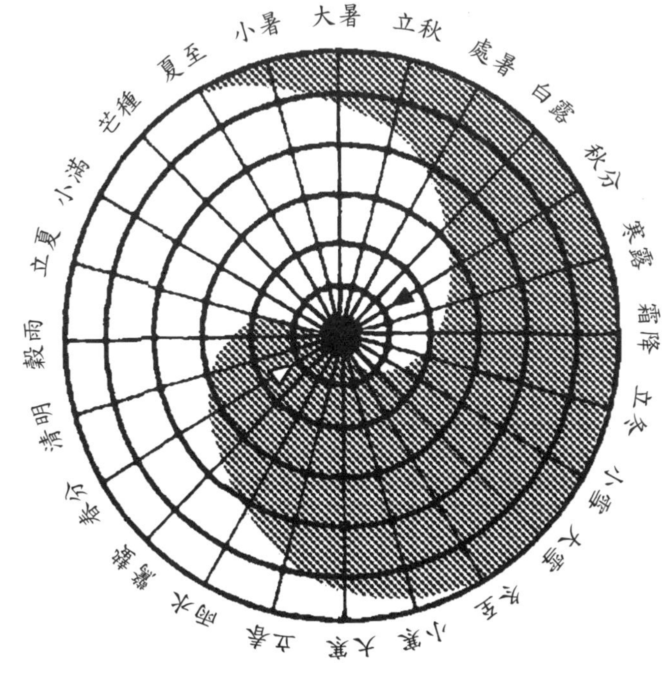

原始太極復原圖

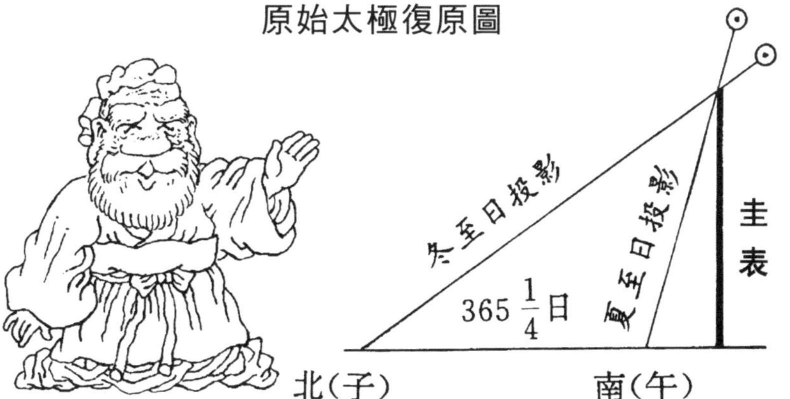

圖中的大圓圈表示太陽黃道視運動，也即地球繞太陽公轉的軌跡。圓盤逆時針方向移動，表示太陽周年視運動右行，晷（表的影子）順時針方向移動，表示太陽周日運動在一年中的軌跡，也即地球自轉的軌跡，即赤道。

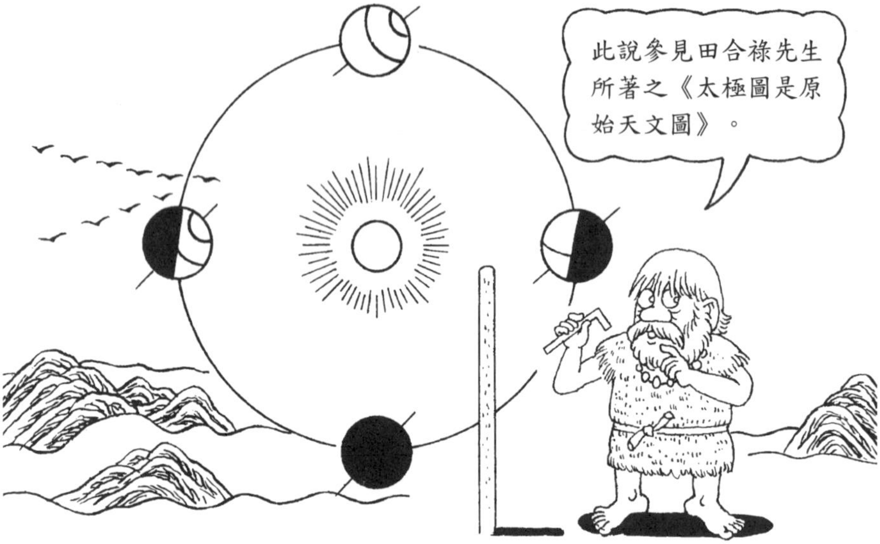
此說參見田合祿先生所著之《太極圖是原始天文圖》。

黃道與赤道之間的夾角叫黃赤夾角，即兩條魚的尾角，正是由此造成了太陽直射點在大地上的往返移動。

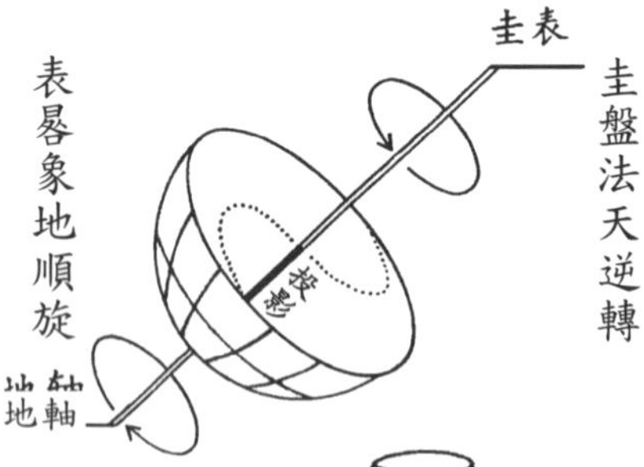
圭表
表晷象地順旋
圭盤法天逆轉
投影
地軸

北黃極
北天極
（北赤極）
秋分點
夏至點
黃道
ε
天赤道
冬至點
春分點

天 球

太極圖的中心點為北黃極點，陰陽魚眼則表示北赤極點，北赤極緩緩地圍繞北黃極做圓周運動。

這就是太陽回歸年運動，它體現了地球萬物生長化收藏的四季變化，所以太極曲線又稱生命線，太極圖所表示的正是太陽回歸年的陰陽節律週期。經過進一步的歸納，這一天文實測圖，便形成了我們今天所熟悉的太極圖。

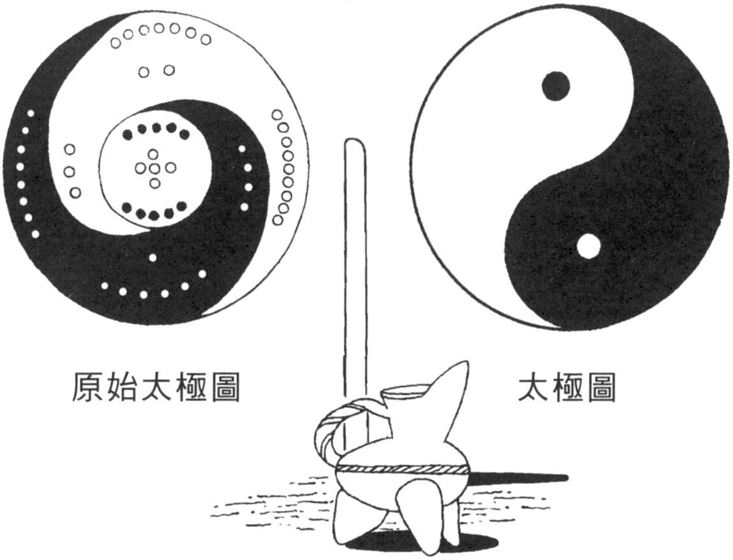

因而太極圖所記錄的流程與河圖乃至洛書、八卦是一致的，它們都是自然譜系的實錄，只不過太極圖較後者更優美、更質樸，也更具形式感和標誌性，從而為整個中華文化提供了形而上的依據，也即闡釋萬事萬物的公理與公設。

中華文化的公理與公設

五、「李約瑟猜想」的破解

「四大發明」在中國辯證科學中的地位

「李約瑟猜想」是英國科學技術史學家李約瑟論及中國古代科技時提出的，即：「現代科學」何以沒有發生在技術如此發達的中國？或者說，中國古代的科技無比輝煌，為何在近代歷史上卻忽然變得暗淡無光了呢？

縱觀世界與歷史，以瓦特發明蒸汽機、歐洲鋪設第一條鐵軌為標誌，西方文明開始騰飛之日，也恰是中國科技「落伍」之際，而那刻卻正值中國歷史上聲名赫赫的「康乾盛世」。

而在此之前，當中國的造紙術廣泛應用之時，歐洲人還在用羊皮抄寫《聖經》。

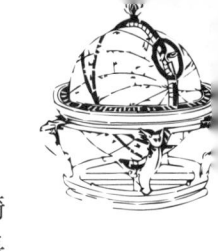

中國發明火藥之際，歐洲的騎士還像堂吉訶德一樣揮舞著長矛與盾牌。

因而李約瑟不解：既然開啟世界新技術之門的鑰匙始終掌握在中國人手中，那麼何以到了中國進入歷史上三大盛世之一的康乾朝代時，反而被西方超越，轉而大大落伍了呢？

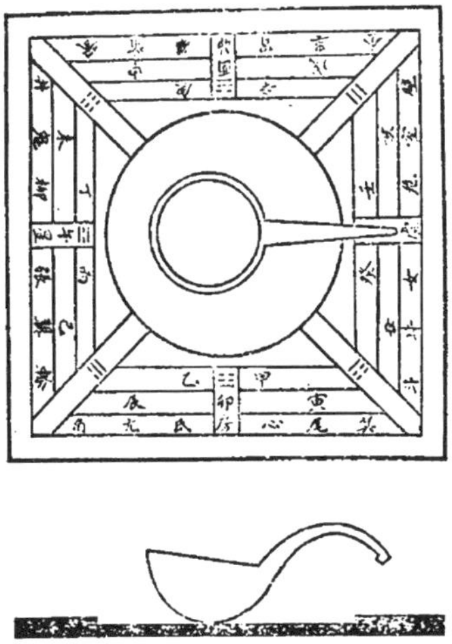

李約瑟

根據不完全統計，17世紀之前，在世界創造發明的總量中，75%是由中國人首先作出的，比如為西方資本主義興起奠定堅實技術基礎的「四大發明」。

因此，「李約瑟猜想」被稱為一個著名的猜想，無不對此或扼腕長嘆、或痛心疾首。

中國古代有技術，沒科學。
智叟

本來，李約瑟一直堅持認為，不應將古代的中國科學視為近代科學的一個失敗原型來看待。例如，當他將中國古代科學與相對論、量子力學相比較時，甚至認為中國古老的哲學好像是對「現代科學」的一種「先覺」。

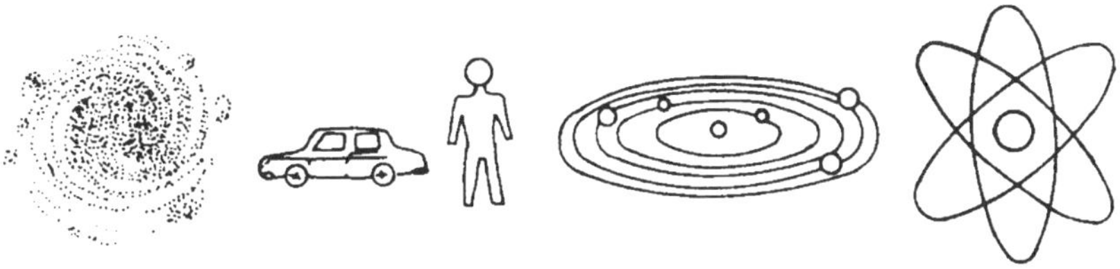

70年代後，李約瑟更認為，「科學」的進步給人類帶來的各種道德問題，可以從中華文化所包含的「偉大傳統」中尋找答案。而中國人「以其特殊天才和冷靜的頭腦」可以在這方面影響整個人類，把西方世界從它所陷入的機械論和唯科學論的深淵中解脫出來。

但是與此同時，他又習慣性地以「現代科學」，實際上也就是以現代的實證科學作為參照與歸宿。例如他將科學的發展分為古代的、中古的和近代的，認為近代科學是科學發展的現階段，與古代科學和中古科學相比，它沒有民族或文化印記，是普遍意義上的世界科學，從而得出「現代科學」的概念。

也就是說，他最終仍未將中國的辯證科學作為一個獨立的體系來對待。

至此，李約瑟也就將實證科學與辯證科學的概念混淆為一體，即世界上只有一種科學，也就是實證科學。而後人之所以將其稱為一個猜想，也同樣是因為步其後塵所致。

如果將二者從體系上釐清，那麼這個「猜想」也就不成立了。
天工開物
人工開物

事實上，這一問題恰恰由最容易被忽略的「世界觀」所決定。如前所述，「天人合一」與「天人相分」的世界觀，決定了中西文化不同的走向和方法。

天人合一
天人相分

「天人合一」的世界觀認為，人類只是自然邏輯鏈中的一個環節而已，而不是這個邏輯之外，一群走出自然伊甸園的「觀察者」、「管理者」，或者「上帝的選民和代表」。

因此，面對自然時，「天人合一」的世界觀認為，自然界是一個多樣統一的平衡系統，其關係是相互依存的。作為其中的一部分，人類最佳的生存方式只能建立在這一整體思考之中，而不是這一整體思考之外。所以應該有所為，有所不為。

這一世界觀讓中國的先民自覺地放棄了與自然的對抗，而將自己的行為界定在不破壞事物自然屬性，即事物「生態的」或「自洽的」狀態為前提，並將其以方法論的形式固定下來（參見第一節）。

「生態的」（本然的）、或「自洽的」（內在一致的），也即整體論的原則，決定了其認識和把握對象的基本單位只能是功能，而非結構。這就使所有可能打破「天人合一」底線的企圖，都只能以零散孤立的形式存在，而不具備方法論意義，

（參考《漫畫中醫藥食圖典【典藏版】》）

從而確保了「天人合一」的平衡系統不致失效。

在中國，這一理念被稱作「道」。人們在遇到問題時，首先想到的是如何以「天工」，而不是「人工」來開物。否則就是無「道」，就是「沒品」，或者「不按規則出牌」。

道
因而，「現代科學」也就不可能在「技術如此發達」的中國產生了。

因此，越是在中華文明得以自信從容的「盛世」，就越不能「沒品」，越不能「不按規則出牌」，也就是不能放棄「天工開物」，而轉向「人工開物」。

「四大發明」在中國的境遇也是如此。人們知道，它對整個人類文明的貢獻是非常巨大的，特別是在其獲得還原論方法支持之後，對西方文化與科學的發展更是如此。

但是在中國辯證科學「天工開物」的背景下，它們只是在「用」，即在器物層面，作為這種科學主流之外的一種補充存在，而無需、也不會得到相應的方法論支持。因此，與中醫、建築、音樂等主流成就相比，「四大發明」是不足以象徵中國古代科學的。

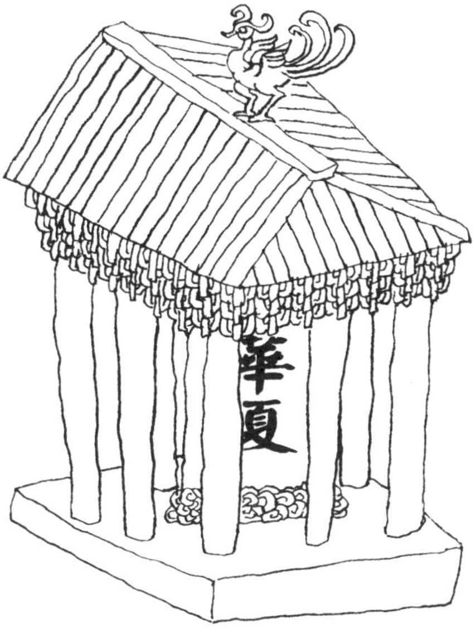

六、我們看得見、摸得著的一切是從何而來的？

「宣夜說」與中國的宇宙發生學

人們在談到「宣夜說」時，一般是把它當作一個失傳或廢置的學說對待。但當我們將它納入中國辯證科學的體系中加以考察時，所得到的結論卻截然不同。

因為如果說它是失傳或廢置的，那麼它應當是無從查考，且對我們今天的生活不再發生作用的。但考證發現，「宣夜說」並非如此，而是以其宇宙發生學的意涵，一直完整地保留於中國哲學之中，並直接影響了中國辯證科學的形成。即使到了今天，也依然未曾失效。

所謂「宣夜說」，即「宣勞午夜」之意，乃指古代觀星者勤於實踐，越到夜半越加辛勞。

宣夜說相傳始於殷代，現存記載為比張衡略早的郄萌所述。其特點是不先驗地假設天的高低與地的大小，而是強調實測、精於觀察，並憑藉生活經驗進行驗證。

據《晉書・天文志》所載，宣夜說認為天體為空洞，無限高遠、了無實質、沒有邊界。我們所見的藍天，只因其距離過於遙遠而產生的視覺錯覺，

就如遠觀黃山，黃山呈現藍色，俯視深谷，深谷一片漆黑一樣——藍與黑皆非其本色。

大地以外到處都充滿了氣體，日月和眾星自由地浮在空中，並因氣的推動而運行，或因氣的阻力而靜止。這一宇宙無限的理論，以近乎實證的方式描繪了我們所處的時空。

宣夜說的學者一定是精心考察過大地是某些氣體的型態與運動，並由此引發出深刻的思考。如三國時期的楊泉說：「夫天，元氣也，皓然而已，無他物焉。」又進一步論證說：「夫地有形而天無體，譬如灰焉，煙在上，灰在下也。」

「地有形，天無體」這一精闢論斷，再次與實證觀點相互契合。譬如從氣體與塵埃凝聚而成星體的星雲假說，不也是透過物質型態的轉化來說明宇宙嗎？

以煙與灰為喻，雖表面粗疏，實則合理掌握了氣體與固體兩種物質型態之分。從中國辯證科學的方法論看，這也是一以貫之的思維方式。

「氣」可解釋生命現象，而「結構」則無此功能。

在此，宣夜說採用了與蓋天說相同的方式，即忽略具體結構，著眼於相對功能，從而為中國的宇宙發生學提供了物質的依據。

大量考古資料表明，距今五千年的龍山文化時期，出現了定制形式的琮與璧，標誌著中華文明以「功能」為取向的文化選擇機制和「天人合一」的世界觀已然形成。中國宇宙發生學正是在這一背景下得以確立。

由此可以推斷，「氣」是宣夜說循著功能脈絡推演所得的概念，是對「功能」邏輯的一種深層表述，如同「原子」或「基本粒子」是由結構推理所產生的結果。

這一學說遂成為中國辯證科學的基本思想，古人將其歸納為「一」，稱為「太乙」或「太一」，也可視作「道」，並由此生出「一生二，二生三，三生萬物」的宇宙論。事實上，不僅道家，自古以來諸子幾乎皆認同這一觀點，即我們所能見聞觸摸的一切，皆統攝於這「一元之氣」中。

養生家亦有「以炁存神，以氣存形」之說，這裡的「炁」即「氣」。雖「炁」與「氣」在一般用法上音義相近，但在道家學說中，「炁」專指先天之氣，「氣」則為後天之氣，後天之氣由先天之炁所生。兩者互為體用，共同滋養人的「神」與「形」。因此我們有理由將「炁」引申為老子在《道德經》中闡釋宇宙的本體時所說的「無」。因為在老子的學說中，「無」並非指空無一物，而是對「先天之氣」（即「炁」）的一種「非常」描述。

道生於有，有生於無。
——《道德經》
道之為物，惟恍惟惚。
惚兮恍兮，其中有象；
恍兮惚兮，其中有物；
窈兮冥兮，其中有精，
其精甚真，其中有信。
老子

東漢何休解釋元氣時說：「元者，氣也，無形以起，有形以分，造起天地，天地之始也。」在此，「氣」已不僅是指人們賴以呼吸的大氣，更是一種游走於有形與無形之間、構成宇宙萬物的基本元素。宇宙無始無終、永不休止的流變過程，也就是氣的流變過程，它們都來源於這個「元氣」。

氣是運動的，其內部陰陽兩端循環不已，其中浮、升、動屬陽，沉、降、靜屬陰。氣受到陽性的影響時，便會浮、升、動；受到陽性的影響時，便會沉、降、靜。

陰陽

抱甕丈人

《黃帝內經》亦認為，浩瀚宇宙中充滿著不斷運行的大氣，它們為萬物之源，故名「元氣」。元氣在天成象，在地成形，「氣聚成形，形散為氣」，萬物的聚散、成敗、生滅，皆由氣之聚散所決定。

天地含氣　命之曰人

因而在古人的心目中，不但將遙遠的星辰視為有光而無體的「積氣」，而且將觸手可及的一切物質也一律認定是氣聚而成形的結果，因而判斷人體的健康與否時，也必然從氣化活動的正常與否入手。而所有這些觀念，皆與宣夜說的宇宙發生學一脈相承（詳見下一節）。

也就是說，我們所見、所觸之萬物，皆由「氣」所派生。

七、為什麼有經絡，並且唯獨中國人發現了它？

經絡的發現證明了中國辯證科學作為一個體系是無可替代的

根據全息理論的原理：一個系統原則上可以由其邊界上的自由度完全描述。以此為依據，那麼這個摸不著、看不見，但又確實存在的小小經絡，也完全可以支撐起整體中國的辯證科學。

《漫畫中醫經絡圖典》中曾強調：經絡作為一種客觀存在，在其他民族的早期歷史中，也應該同樣被感知過。但由於文化選擇機制的不同，其他民族更多地將注意力集中在看得見、摸得著的具象結構上，從而忽略了這一以功能形式存在的事實。

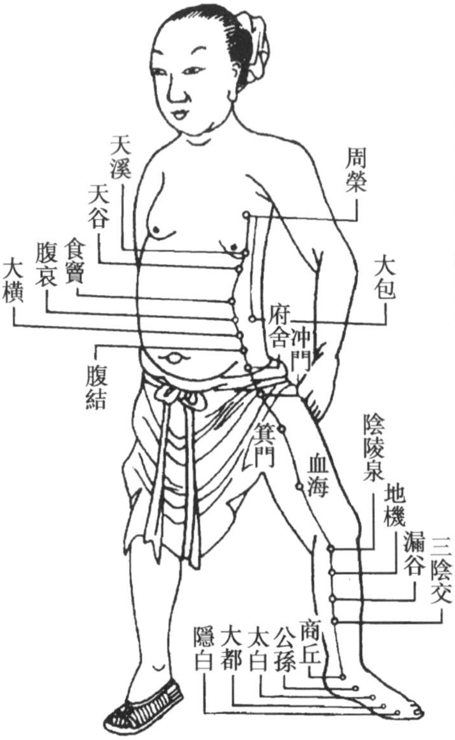
天溪
天谷
食竇
腹哀
大橫
周榮
大包
府舍
沖門
腹結
箕門
血海
陰陵泉
地機
漏谷
三陰交
商丘
公孫
太白
大都
隱白

由此得出結論：經絡學說的確立絕非偶然，而是有著鮮明的世界觀作為指導，並以相應的方法論為基礎的必然結果。

是「結構」決定了「功能」，還是「功能」決定了「結構」？

在《漫畫中醫經絡圖典》的引言中，我們還作了這樣的歸納，即：中醫經絡學說是我們的祖先在「天人合一」的時空觀指導下，以腧穴為單位，用功能將人體的五臟六腑、四肢百骸統一起來的完備體系……

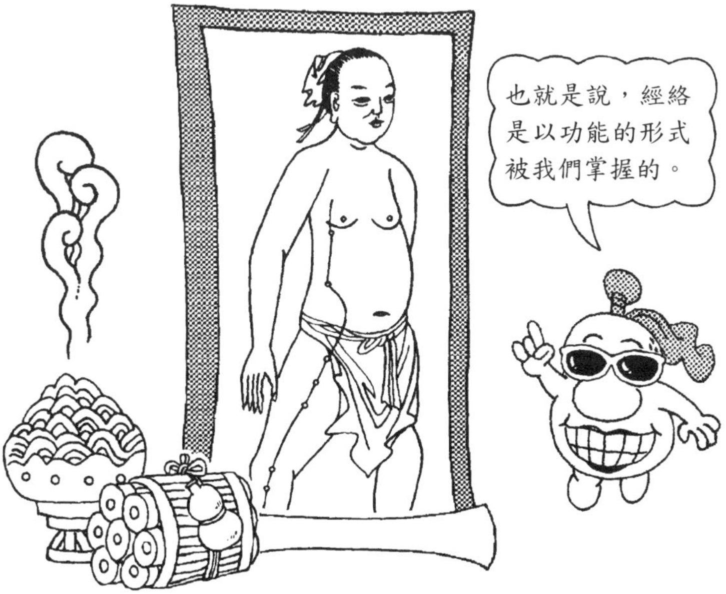
也就是說，經絡是以功能的形式被我們掌握的。

所以，說到經絡，就不能不提到「功能」，因為經絡本身就是以功能的形式被我們掌握的，同時作為診治單位的經穴，也就是功能反映點。而「功能」一詞，是現代──也就是實證科學進入中國之後才出現的概念，是相對於「結構」而言的。

抱甕丈人

這種不同的取向，表現在醫學上，就是辨「證」（即功能）施治與辨「症」施治的差異。

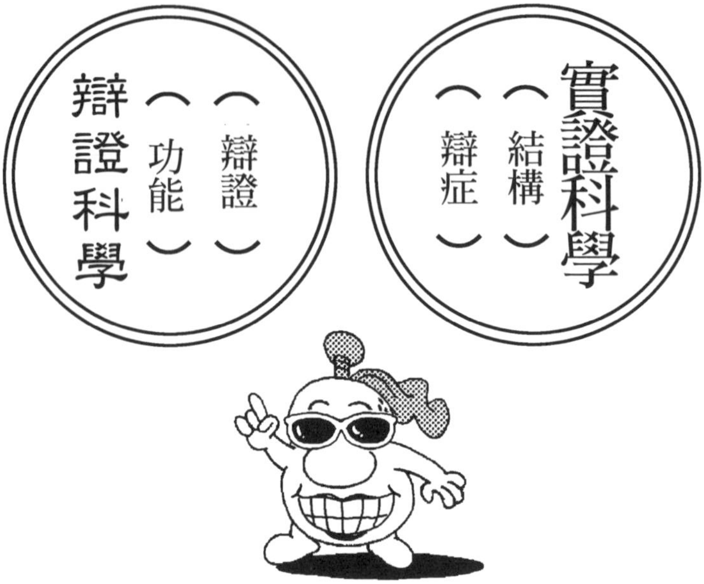

中醫所謂的「辨證施治」，實際上就是從功能的層面，透過調整患者的動態平衡系統來進行施針、組方和用藥的。

早在《黃帝內經》產生的時代，中醫學對人體的結構就已有了相當成熟的認識。之所以後來沒有發展出實證性的西醫解剖學，完全是由中國辯證科學的方法論所導致。因為在以功能為取向的中國辯證科學體系中，結構始終是被缺省的。關於這一點，我們在本書第一節中已有詳述。

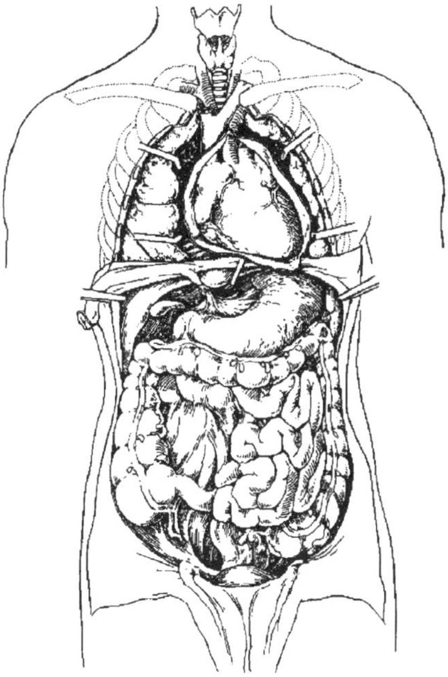

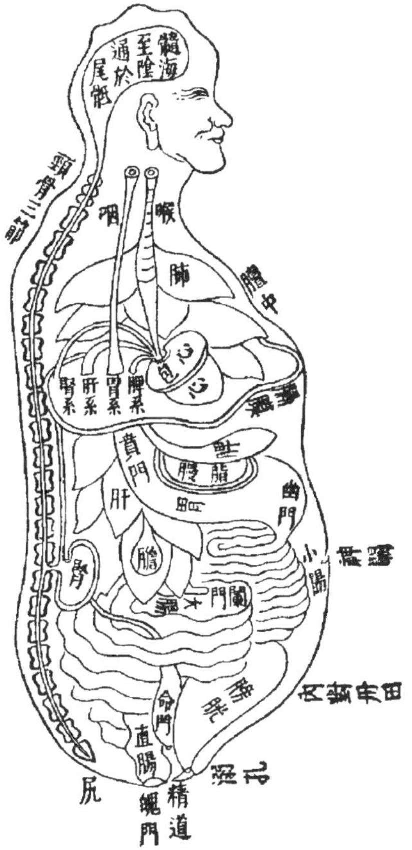

由此可見，實證醫學著重於人體結構，將疾病主要理解為器質性改變；而中醫則著眼於功能，將疾病主要理解為功能上的失調。

就實證醫學而言，功能在其體系中基本上處於缺省的地位，或與結構完全視為一體——只是結構為主體，功能則為其派生。

但人體的疾病，包括所謂的器質性改變，也包括功能性異常。這兩個方面，究竟哪一個更具本質意義？

是器質性病變導致了功能異常？還是功能異常導致了器質性病變？

對此的回答有兩種截然不同的觀點。一種觀點來自實證醫學，認為一切疾病都可以在器官、組織、細胞、生物大分子層面上找到結構上的具體變化。疾病在本質上是器質性的，而功能的異常只是源於器質病變。

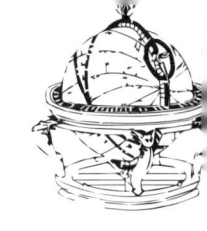

對「器質性疾病」的定義是：指組織結構上有病理變化的疾病，與功能性疾病相對。多數已知疾病皆屬於此類。

也就是說，是結構上出了問題。

由此便推導出一個明確的結論：目前所謂的功能性疾病，隨著觀察技術的發展，終將找到其相應的器質性異常之處。因此，功能性疾病這一名稱，總有一天會從實證醫學中消失。

這種觀點認為：結構決定功能。有怎樣的結構，就有怎樣的功能。結構的改變導致功能異常；器質性改變引起功能性疾病，功能性疾病源於器質性改變。

對功能性疾病的定義為：與器質性疾病相對而言，一般是指在臨床上表現出某一疾病所特有的症狀，但運用當下的檢查技術尚查不出結構異常的疾病。

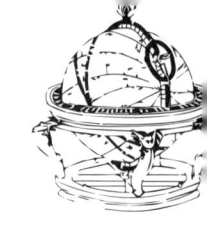

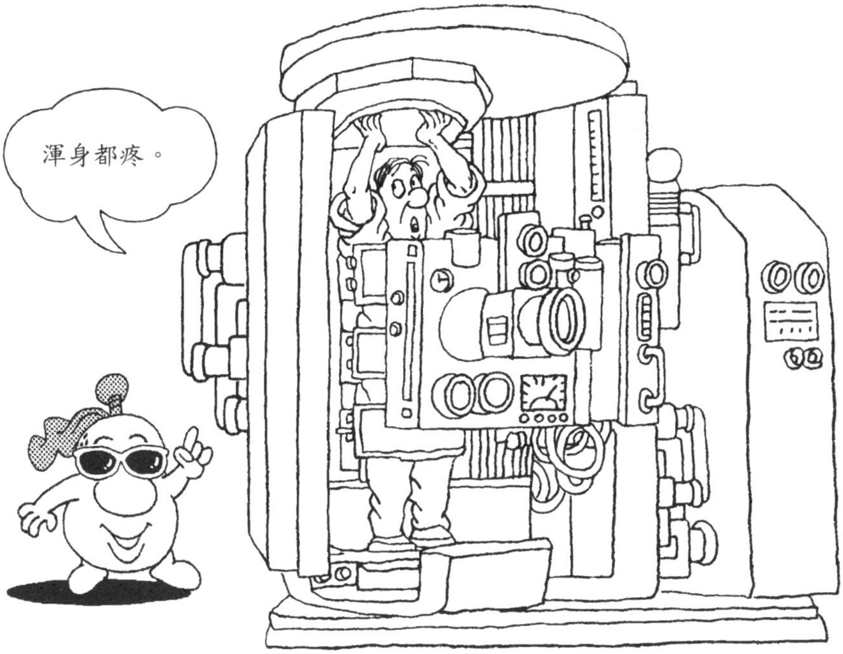

這類現象多被認為與患者的情志活動有關，而隨著醫學技術進步，可能在未來找到其結構上的對應變化。

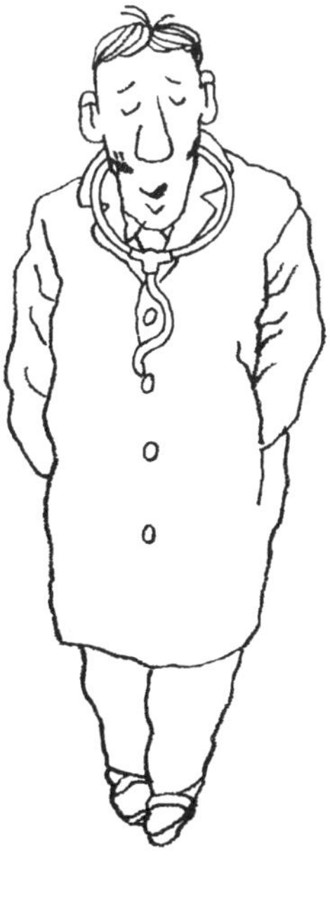

另一種觀點則認為，是功能決定結構，而非相反。「結構決定功能」這一觀點，僅在不涉及發生學時才成立；一旦涉及發生學，就會暴露其邏輯上的缺失。結構如何形成？又是怎樣引起改變的？如果不訴諸「上帝」，就只能歸因於功能。也就是說，是特定的功能流程造就了結構，其次才是結構負載並執行功能。

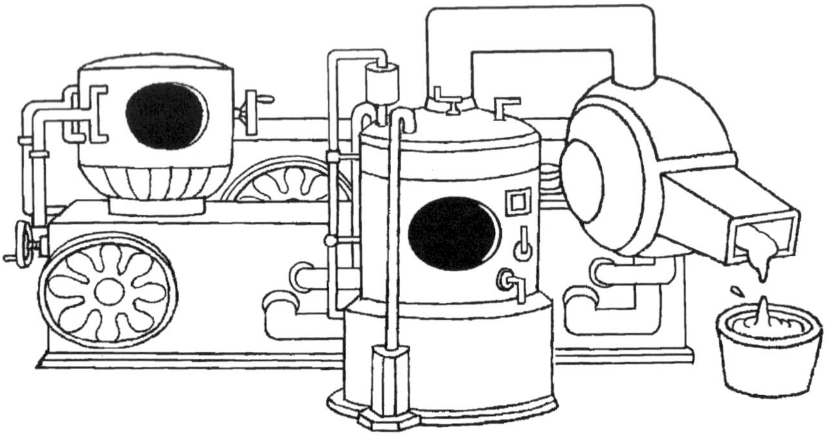

以機器為例，眾所周知，機器的結構決定其功能，
結構的正常與否關係到功能是否正常。

但這種關係一旦涉及發生學問題，就會陷入窘境——為什麼要有這樣一架機器？機器的結構為什麼是這樣？

因此，在實證科學的系統論中，便會得出一個更為中庸的結論：「結構決定功能，功能反作用於結構」。這表示兩者是一個整體，在某種程度上是平行的。

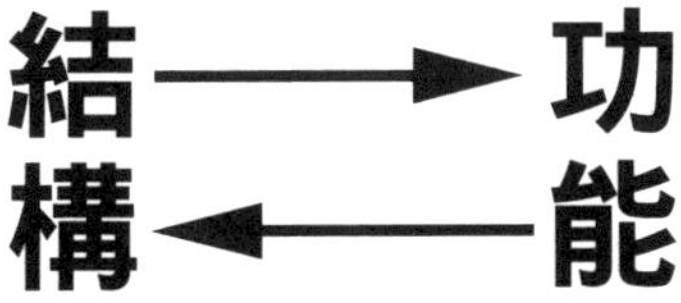

既然兩者在某種程度上是平行的，那麼我們是否可以僅從功能的角度對人體進行研究與認識？

答案是肯定的。起碼在現象層面，結構與功能是可以互相缺省的。中國的辯證科學與西方的實證科學正是由此分道揚鑣，分別採用其中一個路徑，建立起各自的體系。

既然事實證明結構與功能是並行不悖的兩個概念，那麼我們也就有可能將發生學的原理重新引入其中：這平行的結構與功能，又是由誰所派生？

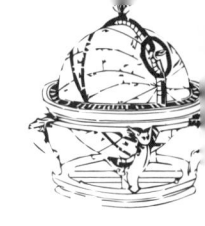

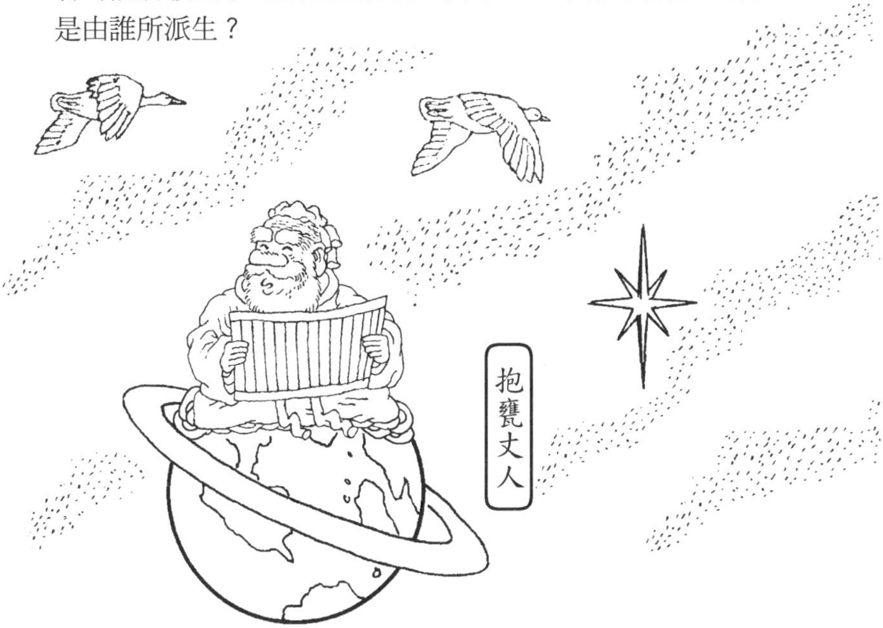

事實上，中國辯證科學很早就對此作出了回答。沿著功能的路徑，古人發現「氣」構成了我們所看見、觸摸的一切。「宣夜說」便是相應的理論建樹，而經絡則提供了最有力的證據。（因為如果不是中國辯證科學這一獨特的方法，經絡不可能循著結構的方向，在顯微鏡下被發現）它們共同證明：中華文化不僅具有道德意義，更有堅實的「科學」基礎。

「氣」是功能符合邏輯的一種深層表述

在中國辯證科學體系中，「氣」是功能的一種深層表述，是辯證科學統一場中的原初物質。缺少了這一物質，經絡學說也就無從談起。

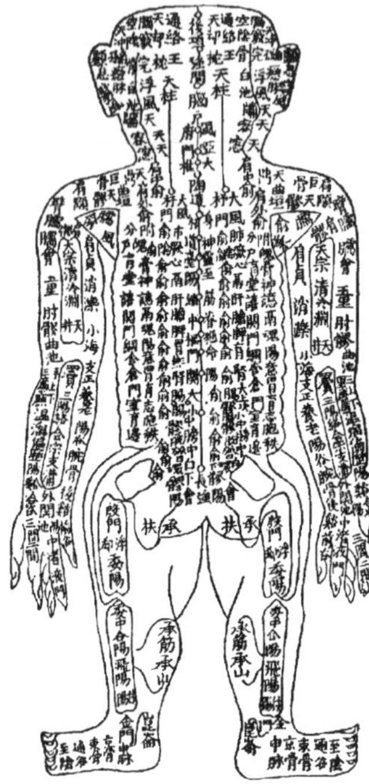

又由於功能與結構是平行的，那麼我們完全可以說，是「氣」，而不是「基本粒子」，派生出了功能與結構。因為「氣」是具有生命的活體，而結構則屬於無機物質，無法解釋宇宙中生機盎然的萬千氣象。人們常說中醫是從生命的層次來認識疾病的，原因正在於此。

也正是從這個意義上來說，一個合格的中醫師與西醫最大的區別應當是：中醫眼中的人是「氣」聚而成形所致。如果這個人生病了，那麼問題也一定是出在了「氣」上，而氣的表現形式就是功能。因而在中醫的發生學中，結構與功能二者皆為氣所派生。

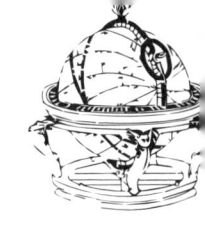

因此，中醫的望聞問切、針灸、方劑等手段，無不以理「氣」為要。

氣

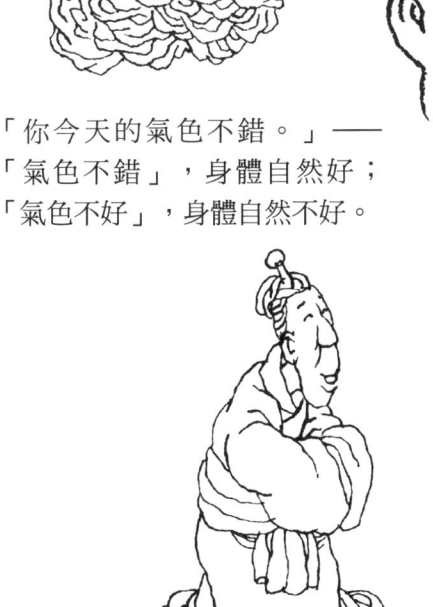

「你今天的氣色不錯。」——
「氣色不錯」，身體自然好；
「氣色不好」，身體自然不好。

也正是基於這樣一個基礎，中醫認為人的形體是「氣」聚而成，氣化活動是否正常，決定了人的形體是否健康。疾病的本質是氣化過程的異常，是氣化異常導致了形體的病變。

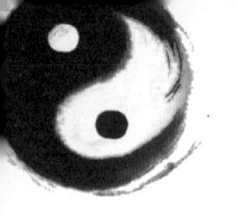

故中醫有「百病生於氣也」、「氣有不調之處，則病本所在之處也」、「大凡形質之失宜，莫不由氣行之失序」等說法。《黃帝內經・靈樞》篇亦有言：「夫十二經脈者，人之所以生，病之所以成，人之所以治，病之所以起，學之所始，工之所止也。」

在此，中醫學從氣化的流變來解釋人體的生命活動，將人體的型態結構理解為一種氣化活動。型態結構上的病變，是由氣化活動異常所引起的。

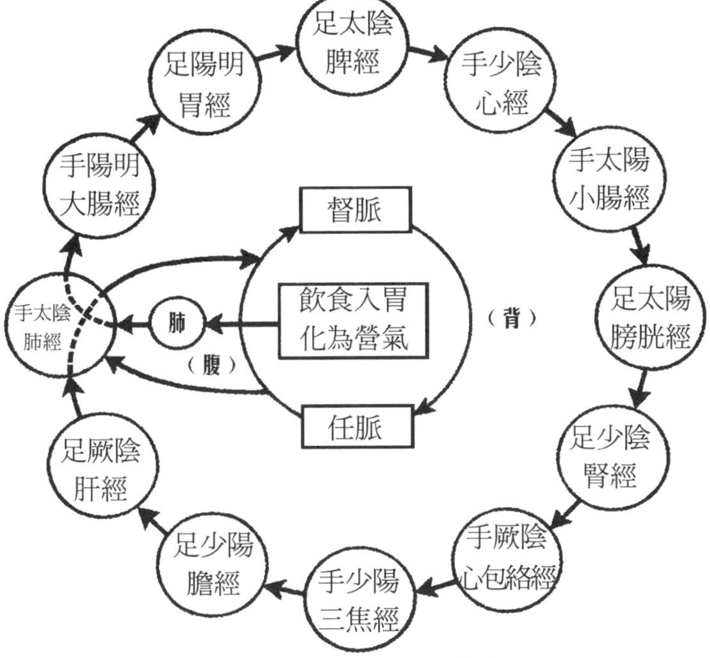

十二經脈循行示意圖

因為宇宙是由「氣」構成的，所以才有了經絡。而又由於中華文化的世界觀與方法論——也就是中國人看待問題的方法，以及解決問題的途徑與手段——這一切決定了，只有中國人才能發現這一客觀事實。而經絡的發現，也正是證明中國辯證科學作為一個體系，是無可替代的。

八、中華文化中的「同身寸」現象

中醫是如何定量的？

所謂「同身寸」問題，實際上也就是「定量」問題。說到「定量」，人們一般會聯想到相關的度量衡標準，但在中華文化中，「定量」的概念常常是以另一種形式，即「度」的形式出現的。

在實證科學中，「量」是一個具有絕對性的概念。當我們把實證科學當作唯一的「科學」，也即唯一的尺度時，就會想當然地認為，中國辯證科學是「未發展的」，因為它只有「定性」，而不講「定量」。那麼真實的情況是怎樣的呢？

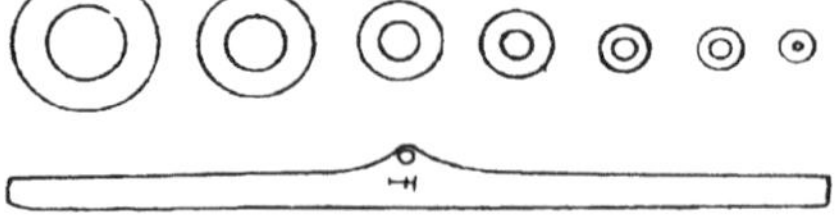

數術

中華文化中的「數術」概念，有助於我們理解這一問題。所謂「數」，即指自然界既定的事、物或週期；在中華文化中，「數」具有時間與空間方面的特定型態。而「術」則是對這種數量型態的合理把握。

如前所述，辯證科學也即整體科學，整體科學也即關於「關係」的科學。因此，在中國辨證醫學中，「術」的把握必須在一定的「關係」——即一定的「數」中進行。

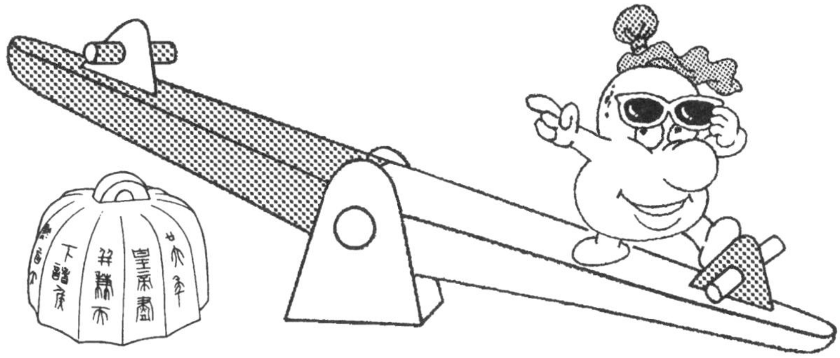

以經絡理論中的取穴方法為例，人體或人體當中的一部分即為「數」；而對「數」的定位，就是「術」，在此可理解為「定量」。人有男女老少之別，「數」有長短高矮之異，這就要求「術」的把握不能脫離具體對象，給出一個絕對的尺度。

在經絡學說中的「定量」方法有三種：
一為「骨度分寸折量法」。這一方法是將人體的各個部分分別規定其折量長度，作為量取穴位的標準。不論男女、老少、高矮、胖瘦，均以其為測量標準，這一點與中醫「同中有異，異中有同」的辨證特徵是一以貫之的。

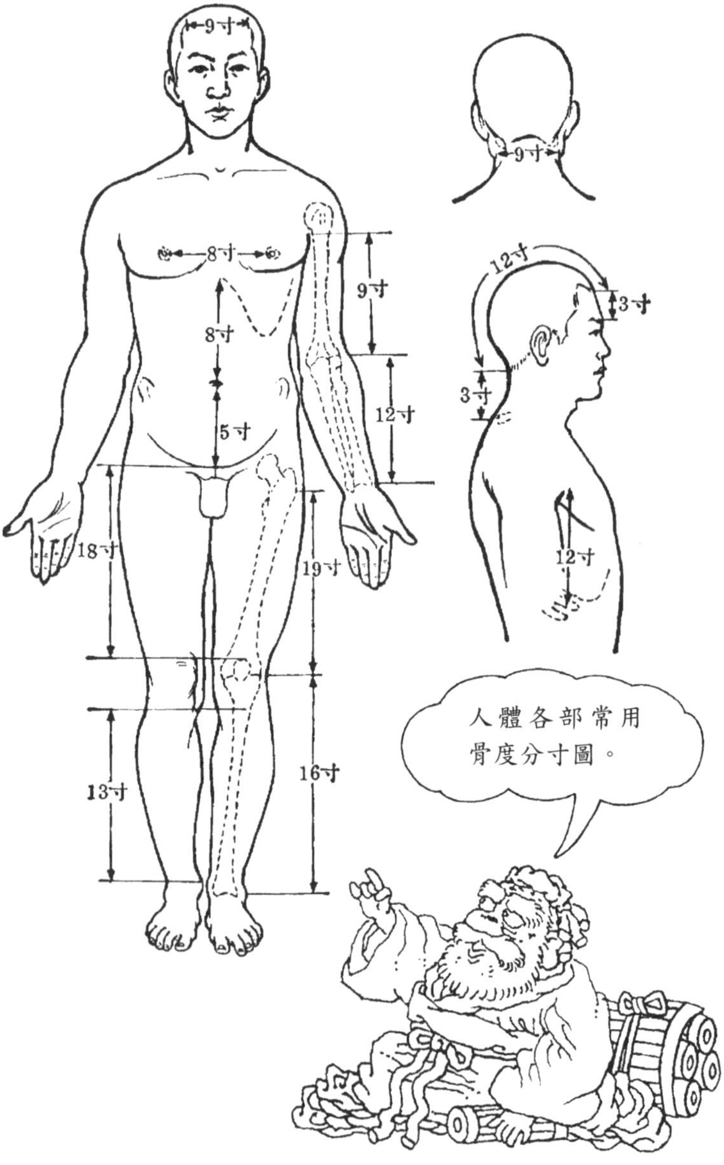

其二是以患者手指為標準來測量取穴的方法，其法又有三種：

1.「中指同身寸」：

是以患者的中指指節屈曲時，內側兩端紋頭之間為一寸，常用於四肢部陽經的直寸量度與背部取穴的橫寸量度。

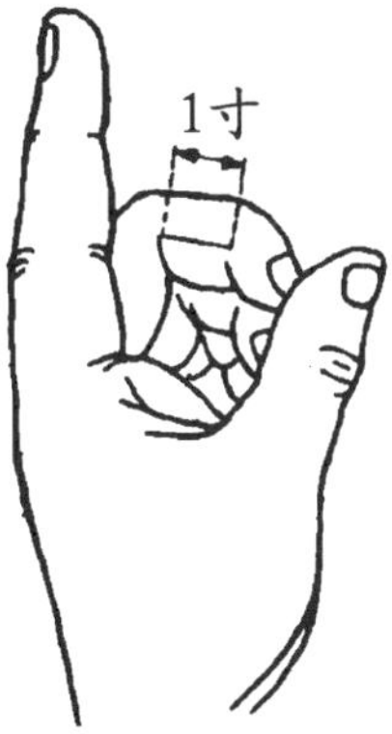

中指同身寸

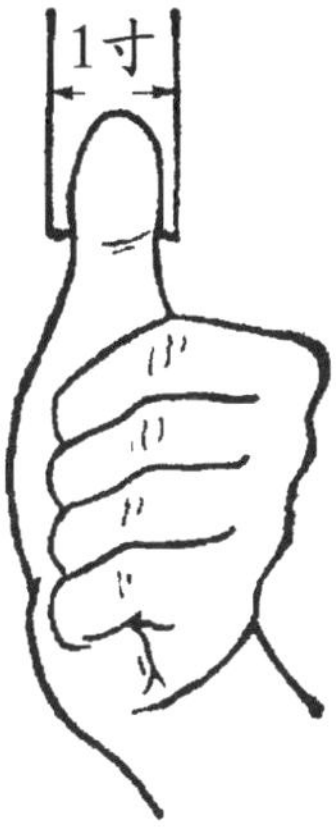

2.「拇指同身寸」：

是以患者拇指指關節的橫度作為一寸，亦多用於四肢部的直寸取穴。

拇指同身寸

3.「橫指同身寸」：

又名「一夫法」，是令患者將食指、中指、無名指和小指並攏，以中指中節橫紋處為準，四指橫量作為一寸，用於四肢及腹部的取穴標準。

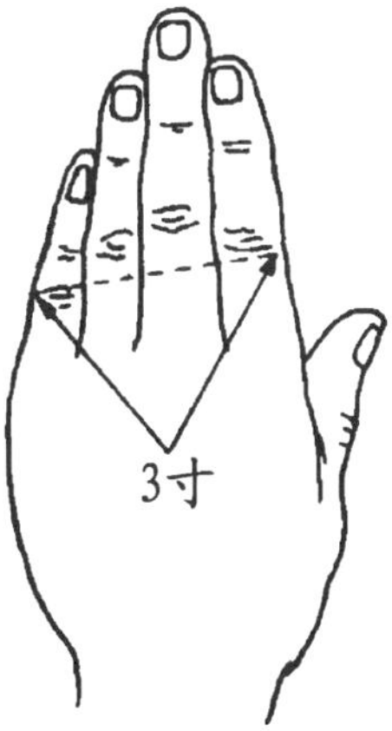

橫指同身寸

其三是以解剖為標誌：這種取穴方法既簡便又準確，在臨床上最為常用。如以兩眉的正中取印堂穴；兩手虎口交叉，食指對中指處，兩筋骨之間取列缺穴；以脊骨為準，第一胸椎上取大椎穴，第二胸椎上取陶道穴等。

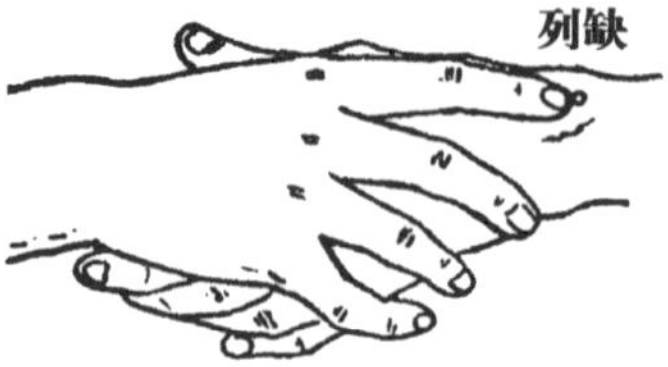

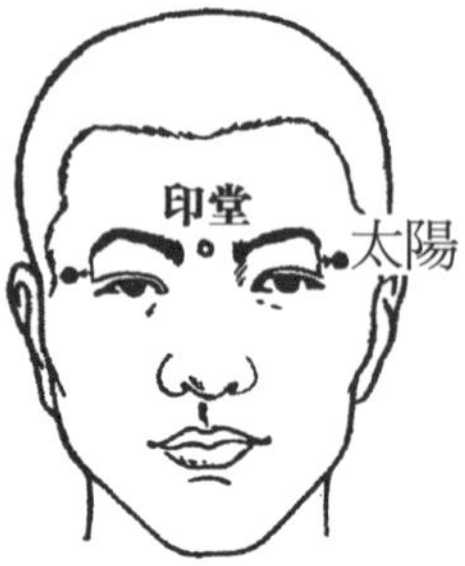

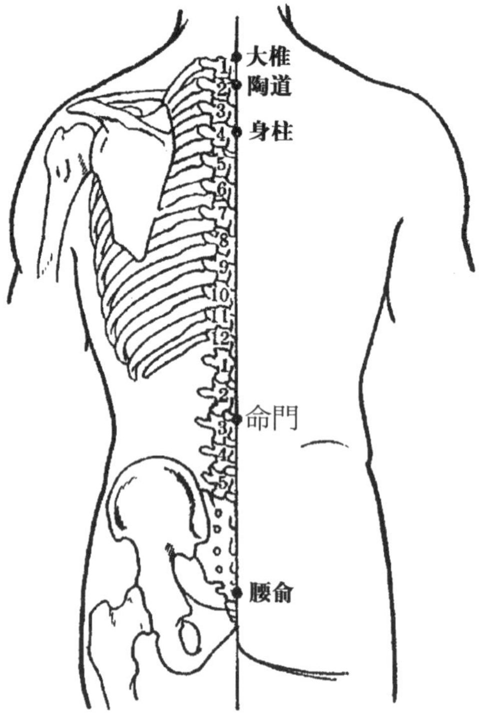

以人體解剖為標誌的取穴法

而在「三因制宜」理論的指導下，中醫在診治與用藥上也體現出根據疾病的特點、病人的體質、時令氣候及自然環境等因素，遵循「因人」、「因地」、「因時」的辨證法則（參見《漫畫中醫藥食圖典》、《漫畫中醫養生圖典》）。

以上事實可以說明，在中國辯證科學中，「度」就是特定的「量」，這是由其體系的特徵所規定的。

因為這個「度」常常就表現為「量」，只不過它不是孤立的，而是一種關係中的、處於動態中的變量。因此，認為中華文化和科學中只有定性而沒有定量的理解，顯然是一種誤解。

比如「長短適度」、
「度德量力」等。

而在哲學中，「度」更表現為對立與統一的把握，即所謂「中庸」思想。失去了「度」，就意味著失去了對事物整體的把握，也即失去了和諧的初衷與訴求。

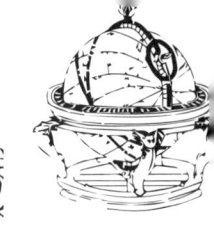

人們之所以將中華文化中的這一法則稱作是「生動的」和「充滿創造性的」法則，其依據正是在此。

應該強調的是，「同身寸」現象在整個中華文化中，作為一種方法是普遍存在的。如孔子在《論語·里仁》篇中說：「君子之於天下也，無適也，無莫也，義之與比。」

君子之於天下也，無適也，
無莫也，義之與比。
《論語·里仁》

即君子立於天地之間，沒有什麼一定要做的，也沒有什麼一定不要做的，一切皆應以恰到好處（義）為準。這裡的「恰到好處」，就是透過「叩其兩端而竭焉」所得到的中庸之道。

再如以中華文化中的「忠孝」而論，在辯證科學的整體思維中，它也不是孤立和絕對的。孔子之所以強調「君君、臣臣、父父、子子」的意義，也正在於此。

它要求君主要像個君主、臣子要像個臣子、父親要像個父親、兒子要像個兒子。也就是說，他們之間實際上是一種辯證的、整體的關係。

否則便如孟子所言：「君子視臣如土芥，則臣視君如寇仇」，「聞誅一夫紂矣，未聞弒君也」。即使是對父母尊長之孝，也有「從義不從父」之說。

換句話說，儒家的倫理道德不是一種教條，而是始終處於整體關係之中。因此，我們可以稱這種在中華文化中普遍存在的辯證方法為「同身寸原理」，或「同身寸效應」。

九、華夏文明何以具有終極意義？

中華文化是一個完成了理論建樹的文化

以實證科學作參照，我們已經習慣於「科學」的發展永無休止，因而當我們對中華文化進行是否具有終極意義的探討時，實際上是冒了天下之大不韙。

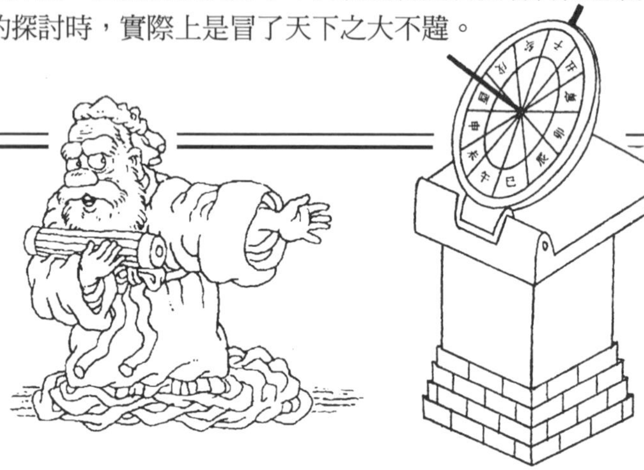

但是這種對其終極意義的定義卻由來有自，基礎廣泛，所以絕不是我別出心裁，憑空杜撰。事實上，這也是大多數人的共識，因為當我們稱自己的文化「博大精深」之時，就已經差不多接近這一定義了。

博大精深

（易與天地準，故能彌綸天地之道——《易經・繫辭上傳》）

因為一個不具備終極意義的文化，是無從談及「博大精深」的，比如我們說西方「現代文明」為「強大的文明」，但是卻不曾說它是「博大精深」，原因何在呢？

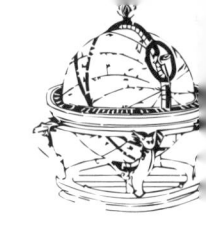

原因就在於這樣說「不合適」，就在於這個文明不具備我們所說的「終極意義」。

省略掉關於宇宙本體的鋪墊與侈談，從辯證科的，或相宜、自洽的意義上，所謂「終極意義」應該具有這樣的內涵，即：它的解釋與推理功能要足夠大，能夠充斥到「至大無外，至小無內」的所有空間；它還要永久有效，不會由於別的體系，比如實證科學體系的發展而過時，更不會由於實證科學的發展而宣告終結。

參見本書第一節、第十二節和《漫畫老子道德經》關於「道可道，非常道」一節。

那麼一個終極意義上的理論有可能在數千年前產生嗎？在實證科學「科學發展永無止境」的語境內，人們難免會因此感到愕然，但是在完成了理論建樹的辯證科學中，這卻是一個不爭的事實：在大自然未遭褻瀆之際，曾給人類這樣的機會，將其既質樸、又優美的本來面目，連同那「閃光的中心機制」一起，對人類顯現無遺。

我們的祖先以司外揣內、取象比類的方法，在立竿見影、以正農時、探索天地相對運動的週期過程中，於數千年前把握住了這一機遇。而這個閃光的中心機制也只有在人類與自然的普遍聯繫未經割裂、「天人相分」的機心不曾萌動之時，才反而更有可能被人們捕捉到。年代的久遠和未經褻瀆的大自然是中國辯證科學產生的必要條件，而不是障礙。

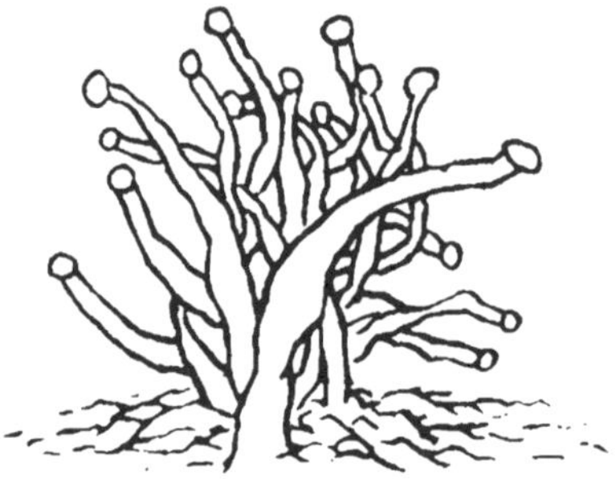

中華文化之所以號稱「博大精深」、中國之所以是一個「文化大國」，就賴於它有著這樣一個終極意義的理論作支持。

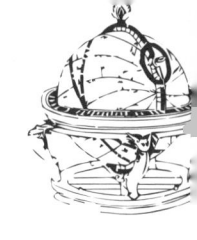

伏羲先天八卦圖
老子

歐洲未來學研究會亦稱「羅馬俱樂部」，其決策曾經影響了整個歐洲乃至世界的經濟生活，而他們的前會長胡夫霍曼在接觸過《易經》（還有《老子》）後，卻由衷地讚歎說：「天哪，我從來沒有見過如此完美的哲學！」

天哪！
我從來沒有見過如此完美的哲學！
胡夫霍曼

就是說，起碼在我們可以感知的這個時空中，它們無論從形式，還是到邏輯上都是無可挑剔的，而一個無可挑剔的理論，恰恰是整個人類有史以來都為之魂牽夢縈和孜孜以求的。

儘管在一個尚待展開的狹小時空中，它的重要性和功能還沒有立即顯現出來，但是這不妨礙我們可以從邏輯上預期，在一個足夠大的尺度，或者如李約瑟所言的，「當現代科學發展到一個關鍵的當口」，中華文化將發揮出大於人們想像的作用。這不是「頭腦發熱」，也不是敝掃自珍，而是由它的終極意義所決定的。

李約瑟

太極圖是河圖、洛書、八卦的形象化標誌，它產生於遙遠的古代，但是沒有人會否認：無論以功能多麼強大的計算器，還是集中了造詣多麼深厚的藝術家，我們都無法超越它，而它就是整個中華文化的公理和公式。

一個建立在邏輯悖論和不能回到起始點基礎上的科學，一定不是一個好的科學，所以不管實證科學在一定階段如何的輝煌與強大，它都不具備「終極意義」。

而一個不具備「終極意義」的科學，一定是一個會產生問題的科學；一旦這個科學出了問題，它就只能向具備「終極意義」的理論回歸，從邏輯上找尋答案。

救命！

柏拉圖曾這樣說：「知識存在於兩個層次，只有在第二個層次，即形式的層次，我們才能找到知識的所在。真正的知識是關於形式的知識。」這一論斷同樣也適用於中華文化。

因為形式是內容的存在方式，是內容的結構和組織，具有形而上的支撐性意義。

古希臘哲學家
柏拉圖

中華文化的解釋系統與推理系統就是這種意義上的「知識」，因為作為一個關於整體的、動態的模型，它有著勾股定義這樣一個「絕對理念」作為支持（參見第三節）。

四
九
二
三
五
七
八
一
六

中華文化的「推理模型」——洛書

河圖與洛書正是以此為支點，用以把握、釐定、統攝萬事萬物的。

河圖與洛書在形式上的完美與邏輯上的嚴謹，使我們有理由堅信，作為中華文化的解釋系統與推理系統，它們是不容置疑的。在這個基礎上，我們甚至可以懷疑孔子、懷疑老子，但是我們唯獨不能懷疑他們賴以存在的解釋系統與推理系統，因為從哲學，或者從形而上的意義上講，它們是盡善盡美的。

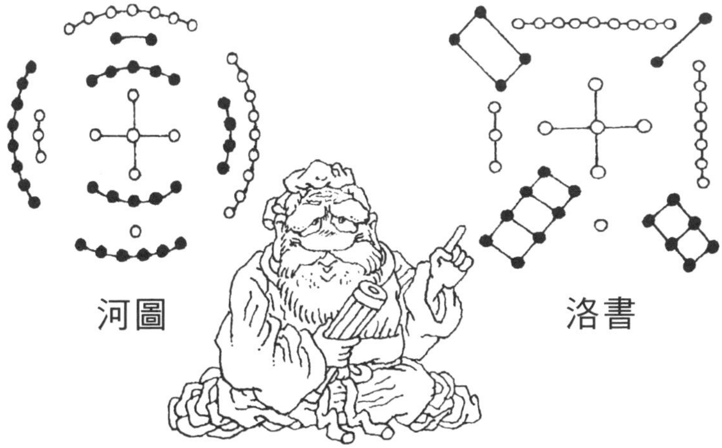

就是說，它設法「發展」也不會過時，只能豐富和應用，而根本不存在什麼「最好的繼承就是發展，最好的保護就是創新」的問題，因為它是「博大精深」的。

我們之所以在講到宇宙的「閃光的中心機制」時，將其打上引號，是因為我們在表述這一概念時，引用的是實證科學當代的掌門人霍金的原話。這個「宇宙的中心機制」就是指「物理學的統一」。也就是在人們不得不面對眾多個別理論的過程中，最終希望能找到的一個完整的、協調的，將所有這些個別理論視為近似的統一理論。

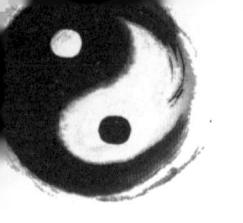

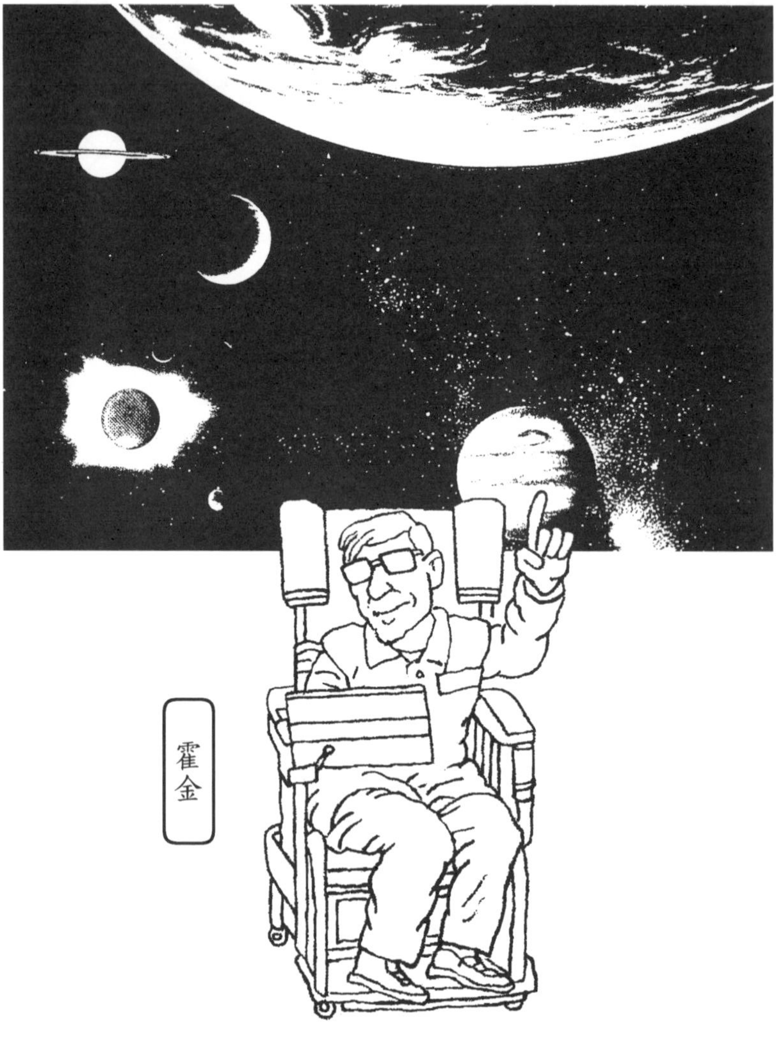

以此作為標準，《易經》所提供的理論完全符合這一「終極理論」的定義。只不過它不是在「天人相分」，而是在「天人合一」的背景下提出的。它以勾股定義為支點，用時間和空間把萬事萬物按其功能（而非結構）統一了起來，並且用數學語言描述了這個「物理學的統一」。

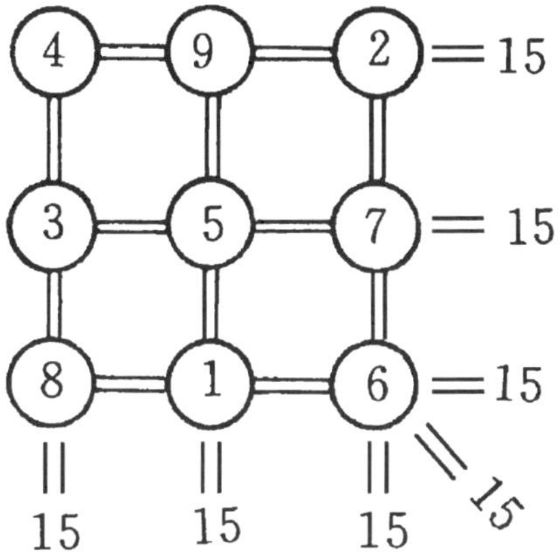
4 9 2 = 15
3 5 7 = 15
8 1 6 = 15
15 15 15 15

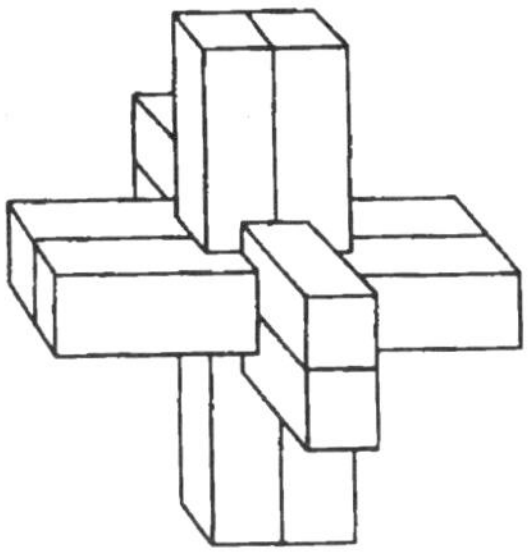

（魯班鎖）

「洛書」這種相等的關係揭示了宇宙萬物是一個統一中有變化、變化中有統一的動態平衡系統。

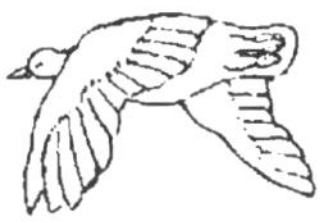

問題的發生，是由於這種有機的平衡被打破所致，所以「以平為期」的過程，也就是由功能層面對上、中、下、左、右、前、後的虛實進行調整的過程。

霍金在當代物理學輝煌成就的基礎上，曾作出這樣的憧憬：借助數學上的協調，並且給出與觀察一致的預言，然後「在謹慎樂觀的基礎上」，預計實證科學「可能已經接近於探索自然的終極定律的終點」，並寄希望「它將給人類為理解宇宙的智力鬥爭歷史長期的光輝篇章打上一個休止符」。（《時間簡史》，151頁，1996年版，湖南科學技術出版社）

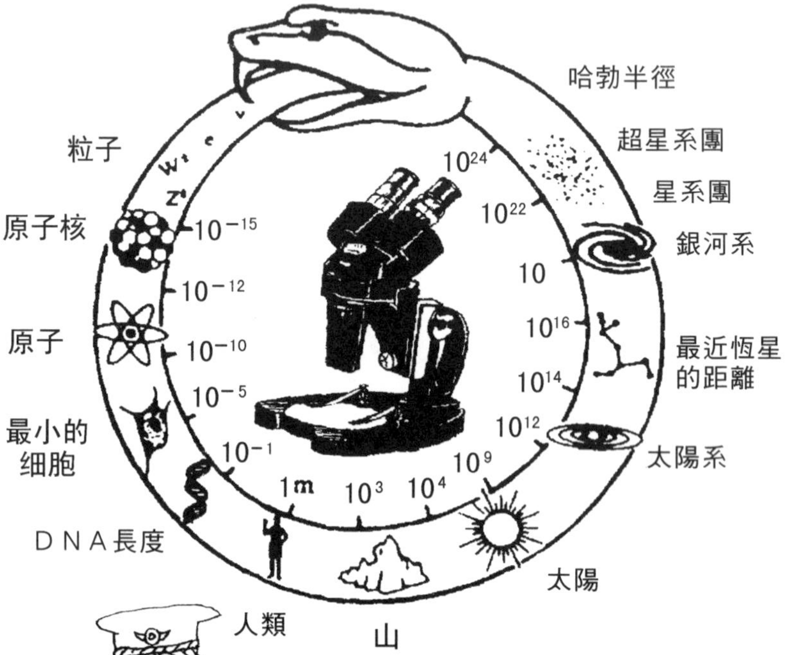

然而根據還原論的原理，這一終極理論自身的邏輯缺陷又是不可能被彌補的，例如人類不可能給出宇宙大爆炸之初的溫度，從而找到物質的最基本結構，以完成「物理學的統一」。

根據還原論的原理，萬物不可再分的結構只能存在於宇宙大爆炸之前的「宇宙湯」中。

而那通往外時空的「蟲洞」，又很可能因為人類對歷史進程的人為干涉，使我們壓根兒就無法出生，從而也就無從在使我們這個宇宙坍塌之前，帶著諾亞方舟中的那些生靈逃往另一個「彼岸」。

至此，由理性出發的實證科學，不但沒有以其階段性的輝煌拓展出終極意義上的廣闊疆域，反而使其理論蛻變為一種在邏輯上不能成立的新宗教。

因為所謂「螺旋式上升的線性理論」使其除了無休止地「發展」，無法回到產生這一動機的原點；而在這一原點中，不但蘊含著人生與人類生活的本來意義，也蘊含著「物理學的統一」。

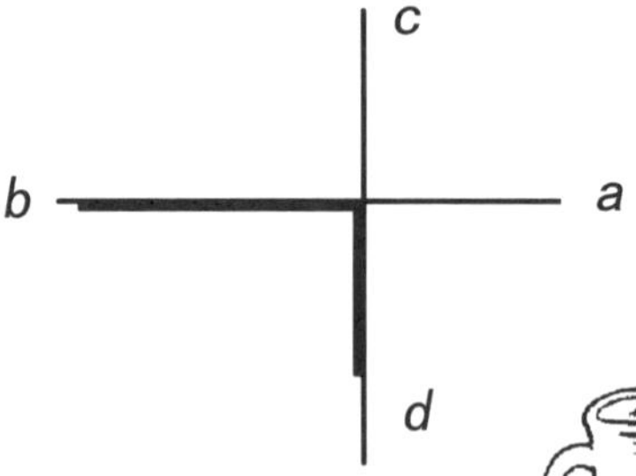

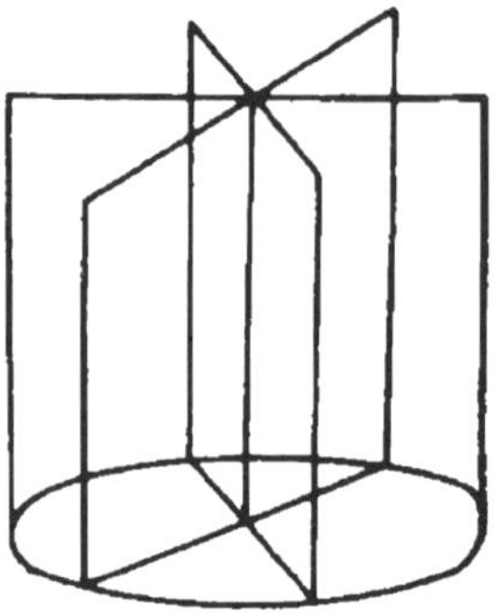

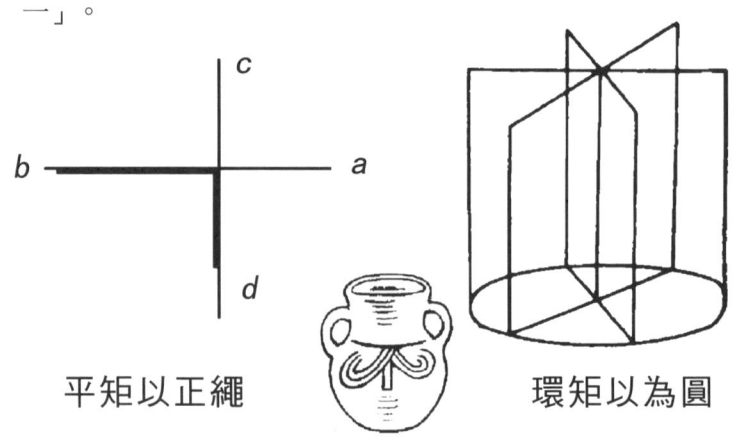

平矩以正繩　　環矩以為圓

這也可以被我們理解為蓋天說中「平矩以正繩，偃矩以望高，覆矩以測深，臥矩以知遠，環矩以為圓，合矩以為方」在哲學與文化上的一種延伸。（參見《漫畫易經・「天圓地方」不是描述自然的結構》）

結論是：在中國辯證科學領域，特別是其核心理論領域內，我們只能「法祖」，否則一定會淪為三流。（關於這一點，我們將在第十二節「中華文化何以強調敬天法祖？」中作更多介紹）

在西方實證科學的領域內，我們則必須習慣懷疑權威，不然也一定會淪為三流。

十、「文化的核心論述力」從哪裡來？

何謂「文化的核心論述力」？

就本質而言，我們掛在嘴邊的所謂「文化的核心論述力」，是由「科學」所決定的，就像當初我們「拿來」西方文化時，一定要將其與「科學」捆綁在一起一樣。

在本書的第一節中，我們已經強調過，「文化」所具有的象徵意味，使其在一定範疇內，並不需要具有系統的科學體系作為支持。同時，我們又強調，在一定範疇之外，文化必須要有一個科學體系作為支持，因為唯其如此，它才能在更大的時間、空間和規模上發揮其效力，以回應人類所面臨的現實問題與重大挑戰，滿足人類關於心靈寧靜與完整的最初動機與最終訴求。

「天人相分」所導致的一切問題，只能在「天人合一」的大尺度背景下找到答案，這是由「科學」的尺度所決定的。

只有當一種科學經得起形式和邏輯上的推敲，並且最好已經在終極意義上完成其理論建構時，才能派生出真正具有生命力的文化，從而超越歷史的局限，提供給我們真正具有普遍意義的價值觀。

已經完成了其理論建樹的辯證科學

建立在邏輯悖論基礎上的實證科學

在人類選擇的十字路口，儒家學說之所以最終成為中國的抉擇，就在於它有著堅實的「科學」基礎，是一種建立在「生態」的、完整的，並足以貫穿整個人類歷程的文化，而不只是由「農業社會」所派生的那種注定要遭到淘汰的階段性文化。孔子之所以常常比後人想像得更深刻、更具有普遍意義，正是因為在其平易的言行背後，有著與「天高地厚」相關的世界觀與方法論作為支持。

十一、儒家為我們提供了一個在「家」解決問題的方案

「家」與「禮」

一切問題都只能在「家」裡解決，一切危機都是將對方趕出「家」門後釀成的，而儒家為我們提供的，正是這樣一個在「家」裡解決問題的原型與理論。

如前所述，假如中國辯證科學是一門關於「關係」的科學，而「文化」說到底一定是由「科學」所決定的，那麼它所派生的文化，也必然是一種關於「關係」的文化。因此，與植根於還原論的西方文化不同，整體論的背景決定了中國社會的基本單位是家庭，而非獨立的個人。在此基礎上，國家乃至「天下」，都不過是「家」的放大而已。

「天下一家、中國一人」的概念由此成為中華文化的一項基本共識。

歷史上，將我們這個幅員遼闊、人口眾多的大家庭維繫在一起的則是「禮」。
「禮」在中華文化中是自然秩序的體現，整個民族的價值共識，和關於人與人之間「關係」的大法。

禮的表現形式為禮儀、禮節，其深層的內涵一般被認為是「學問、教養、自律、克制和合法性」（韓國學者韓載鶴語）。體現在價值觀上，則表現為道義的價值優先於功利的價值，德性的價值優先於智能的價值，群體的價值優先於個體的價值，平安的價值優先於自由的價值，和諧的價值優先於競爭的價值（當代學者徐克謙先生所歸納）。

反映在道德層面上，人與人之間的區別不是社會地位和財富，而取決於他對「禮」的認知。
在「禮」的體系中，「貧窮」或「富有」都不具備道德意義，不自然屬於某種美德。

因此，儒家將社會成員劃分為「君子」與「小人」，但同時也不排除透過教育與法律等手段，使見利忘義的小人得以轉化，從而實現社會的良性循環。

小人
君子

在這一前提下，我們甚至可以將中國歷史簡化為一部「捉小人」（或者「小人」的其他表現形式，如「獨夫民賊」、「貪官污吏」等）的歷史。這一看似粗疏樸素、有利於絕對統治與無條件服從的系統，曾被定義為「封建的」、「落後的」，並被我們打翻在地，至今未恢復其合法性。然而，在付出無數慘痛代價之後，人們驀然回首，卻發現在眾多的選擇中，它未必不是一種化解利益衝突、消除對立情緒的最理智抉擇。

這種系統的基礎是合作，而非對抗。
禮

只有當我們清醒地認識到，自己並沒有不共戴天的「異己」──「異己」不是我們存在的障礙，而是我們存在的條件；我們沒有理由消滅「異己」，「異己」也不可能被我們消滅時，發生在民族、國家、宗教與階級等之間的一切矛盾，才能夠迎刃而解。儒家學說正是從這個意義上，為我們提供了一個在「家」裡解決問題的方案。

所以孔子說：「禮之用，和為貴。」
家
问题

孔子之所以在禮崩樂壞、信仰危機的春秋戰國時代，致力於「克己復禮」，就在於恢復或保留這一深具理性精神、經得起大尺度空間檢驗的文化原型與理論。

與中華文化相對，西方文化中則有「人生而自由」之說。在還原論所派生的文化背景下，即社會的基本單位首先是獨立的個人，而不是相互關聯之整體的前提下，這是一個不證自明的真理。

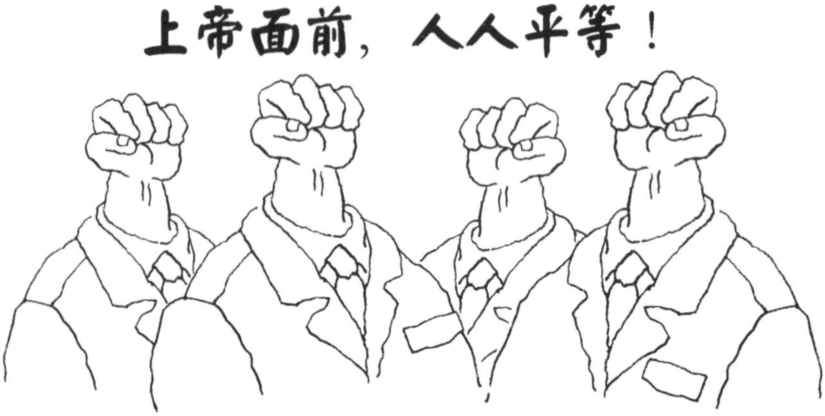

應該說，就「自由」而言，與「民主」一起，它們起碼從道德的意義上，首先搶佔了一個制高點。而實證科學令人目眩神迷的發展更使其如虎添翼，足以讓我們用眼睛，而不再以頭腦或邏輯思考問題了。因此，自20世紀引入中國後，便一路波瀾壯闊、所向披靡，從物質層面到精神層面，導致了一次又一次的文化大革命，直至將這場運動引向我們每個人的靈魂深處。

因為中華文化使我們「不自由」，「儒家學說就是奴隸主義學說，兩千多年來它培養了一代又一代的奴才，導致了知識分子的盲從，阻礙了社會的創新與進步。」

所以「只有徹底清算儒家奴隸主義，才能最終埋葬法家專制主義；只有最終埋葬法家專制主義，才能把中國建成一個自由人之國」。而「國學」將使我們「國將不國」。

自由
在中華文化背景下，據說數千年來，差不多所有的中國人都沒有人格尊嚴。

這種似是而非的推論，儘管在今天我們仍時有所聞，並且常常被作為一種時髦觀點來標榜，但歷史上一次次把文化拉來做墊背的慘痛代價，早已證明這不過是建立在張冠李戴基礎上的無稽之談，和不負責任的陳詞濫調。

智叟

因為它使我們這個原本屬於一「家」的成員之間，忽然變成了與己無關的陌路人，成為需要處處設防的危險分子，甚至是不共戴天的仇敵。
或出於真誠，或出於投機，其結果卻無不使我們築室道謀，三年不成。

正如整體論不是西方實證科學的特徵一樣，「民主與自由」也絕不應成為中華文化的特徵，更不是中華文化的歸宿。因為就文化的尺度而言，「家」（或「禮」）的功能遠遠高於「民主與自由」，並能化解後者所無法化解的一切矛盾。

西方文化最具價值的核心是對人類的深刻同情與關懷，「民主與自由」，包括「科學」，它們只是這一核心的下游，並且是經過異化後的下游。而一旦丟掉了這種對人類的深刻同情與關懷，「民主與自由」，包括「科學」，所導致的將只是一種恐怖平衡和生存行為，不再具備文化意義。

英國前首相丘吉爾曾經有感而發：「民主是個壞東西，我們之所以還在應用它，僅僅是因為沒有發現一個比它更好的制度。」所謂「更好的」，也即更理性的。因為「民主」的基礎畢竟是還原論，它的驅動力畢竟是「個人利益」，所以根據「局部之和不等於整體」的原理，其適用空間、「普遍意義」，也就是其合作或妥協的空間，只能侷限在一定範圍內，無法擴大到全人類。

所以，小而言之，在所謂民主機制不完備的條件下，它會產生流氓政客，形成寡頭政治，置人民的根本利益於不顧；大而言之，即使在所謂民主機制完備的條件下，它也可能導致國家獨裁，將本國利益天經地義地凌駕於所有他國之上。

只有永遠的利益，沒有永遠的朋友。

（即："同而不和"）

利益的驅動使這種合作必然帶有分贓性質，導致為富不仁。

因此，擺在中國這個「文化大國」面前的，不是要不要「民主」的問題，而是一個有沒有比「姑妄用之」更完美、更嚴謹的「普世價值」的問題。這才是問題所在，也是每一個有良知、有膽識、有勇氣的知識分子的責任所在。

就本質而言，中西文化的關係不過是整體論與還原論的問題。
義（宜）
傲慢與偏見
利
「利」只是小尺度時空的驅動器，
而在更大尺度中，只有「義」才能導致「雙贏」。

一切問題都應該在「家」裡解決，一切危機都是將對方趕出「家」門後釀成的。如果一個問題在「家」裡都無從解決，那麼寄希望於對抗和鬥爭，只會導致更大的危機。所以，只有在「家」，或者說在民族、國家乃至天下的整體利益前提下，使每一位成員都享有充分的尊重與關注（中華文化為這種尊重與關注預留了足夠的空間），和諧的社會才會實現。也只有在此基礎上，「民主與自由」才能具有理性精神，走出其與生俱來的窘境。

抱甕丈人

「恭喜發財」聲中的文化預期

在數千年歷史的長河中，區區一兩百年的「落後」只是短暫的瞬間，我們完全沒有必要因此便失魂落魄起來，對自己的文化產生動搖，甚至從根本上否定它。因為包括哲學與科學在內，它們在價值上是好的、理性的，不可替代，也不應被淘汰。

和而不同
德

「我們家原來也姓趙。」中國人以「天地與我並存，萬物與我合一」的氣度，和「天工開物」的法則，曾經因為將其做到極致，創造過佔全世界經濟總量百分之三十多的財富，以及百分之七十多的技術發明。

這些數字表明，中國的歷史絕不只是什麼五千年的「陰謀」、「內耗」或「大醬缸」史。

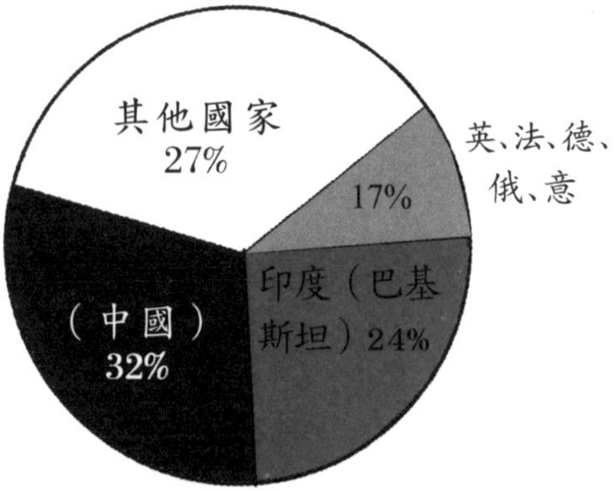
其他國家
27%
英、法、德、俄、意
17%
印度（巴基斯坦）24%
（中國）
32%

清·乾隆十五年世界各國經濟總量圖表

而以「人工開物」的方法，特別是在國民經濟已經瀕臨崩潰的基礎上，中國也僅用了二十多年的時間，就已經大幅提升了綜合國力，並在可以預見的未來數十年間，在總量上不可逆轉地重新成為經濟強國。

就是說，「我們家以後還會姓趙」。

但這一切若沒有固有的「核心價值觀」作為支撐，那麼我們的民族將無所維繫，我們的靈魂更無處安頓。在國際舞台上，在民族之林中，我們將永遠只是跟著別人屁股後面撈世界的「馬仔」或「店小二」，不可能成為眾望所歸的文化大國，更無從為人類的前途提供抉擇。

半殖民地心態
殖民地

事實證明，一個國家富起來並不如想像的那麼難，常常只需要十幾年、幾十年就夠了；但是一種成熟的文化，以及這種文化中所蘊含的無可替代的價值，則要靠數千年的積澱才能形成。

然而歸根到底，作為生活方式與人生目的的體現，文化才是至關重要的，而「科學」，特別是實證科學，不過是我們實現這種生活方式和目的的手段而已。「發財」或「混好了」的慾望與滿足，無法長期支撐起文化與價值觀的空缺。這種情況對一個國家如此，對一個人而言也是如此。

因為文化賦予了我們「為什麼活著」與「怎樣活著」的意義，這正是我們要「富」起來的動力，也是「富」起來之後賴以維繫的憑藉。

作為一種成熟的、以儒家學說為主流的中華文化及其價值觀念，必將重新回到我們的生活之中，因為它是一種需要，而不是一種奢侈；也唯有它，才能回應並化解我們所面臨的一切現實、重大而緊迫的問題，為我們提供一個和諧的秩序，而不是一張又一張永遠無法兌現的空頭支票。

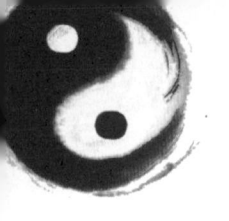

十二、中華文化何以強調「敬天法祖」？

在一個大的尺度時空中，「天人相分」對「天人合一」而言，無論如何都是一種短期行為

「敬天法祖」是中華民族的一個悠久傳統，也是中國人固有文化背景所注定的。但同樣由於在辯證科學與實證科學之間相互混淆，導致在價值判斷上以西方文明作為唯一標準，這個傳統的合法性與權威性才從根基上出現了鬆動。

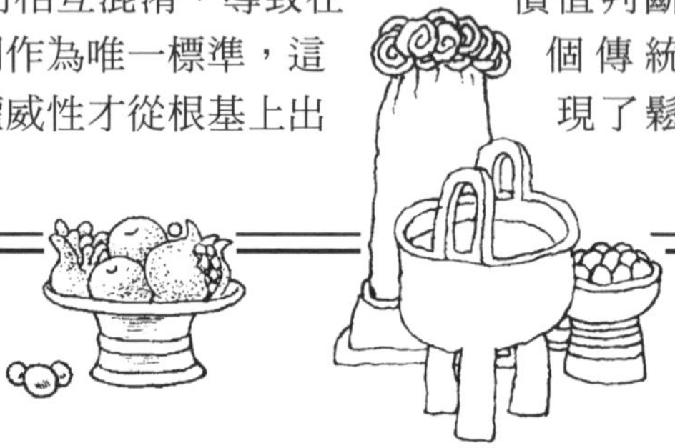

出於對「天人合一」這一基本理念的尊崇，古代先哲歷來提倡「敬天」，藉助天經地義的自然之道，以及由此產生的敬畏感，用以增強理念的合法性與權威性；同時主張「法祖」，並透過對共同祖先的感恩來凝聚群體，形成整體意識。

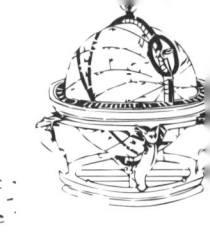

為什麼要「敬天」？

在「敬天法祖」的概念中，首先是「敬天」。天有兩個特點，就是大與高。所以孔子在《論語．泰伯篇》中說：「巍巍乎，唯天為大。」將「天」字拆開，為「一」與「大」，即「第一大」的意思。

人類與生俱來便需要一種敬畏，因為唯有透過某種敬畏，才能使人受到制約而獲得平衡。否則，人類世界便不完整，心靈也無從維繫。中國人將這種敬畏投射於大自然本身。應當說，即使以今天的觀點來看，對「天」的敬畏仍未失去其理性精神，「天」依舊值得我們敬畏。因為天廣袤浩瀚，其生死興衰之意志與功能，即使在未來，也不可能為區區人力所取代。

比如，當我們為「現代科學」的輝煌成就而歡欣鼓舞之際，卻發現它仍不如一隻剛出殼的小螞蚱那樣令我們嘆為觀止。

西方人出於差不多相同的理由，也需要一種敬畏，只不過他們將這種敬畏寄託於超自然，也即超越邏輯的上帝，並將非人力所及的一切問題交付於祂。而作為上帝的選民，人類因此獲得了駕馭自然與改造自然的特權，進而順理成章地走上以還原論為基礎的實證科學之路。

這種特權，又如同宿命一般，導致人與自然的割裂，直至最終掙脫宗教的羈絆，在永無止境的「進步」中，導致了「上帝之死」。

西方的現代主義、後現代主義、解構主義云云，以及對原有價值觀的動搖與失落，無不由此而生。但是，起碼在中華文化中，這些思潮並不具有普遍意義。也就是說，它們不是中國人的問題。比如，我們無論怎樣偽裝，還是會感到西方的荒誕派本身就很荒誕，「超人」在中國就是引不起轟動。

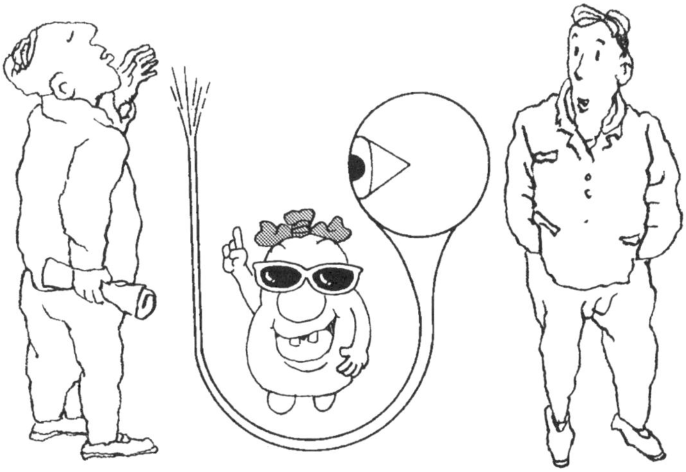

因為西方這種關於天人關係的缺環，在中華文化中從來都不存在。在中國人的精神生活中，從來就沒有一個超自然的主宰，而只有「道」。「道」，即「自然」本身。至於「上帝」，則始終與結構一起，處於缺省的位置。

僅就這一點來看，在中華文化的背景下，無論有意還是無意，「中體西用」確實是一個不以人的意志為轉移的事實。

為什麼要「法祖」？

就「法祖」而言，則更是中華文化的一個特例，因為在其他文化中，祖先可以「敬」，但是萬萬不可「法」，否則這個民族就無從「發展和進步」了，故有「我愛我師，但我更愛真理」之說。

中國人也有類似的說法，比如「當仁不讓於師」云云，但是在「天工開物」的系統中，其「仁」、其「真理」所向，卻直指遙遠先祖。

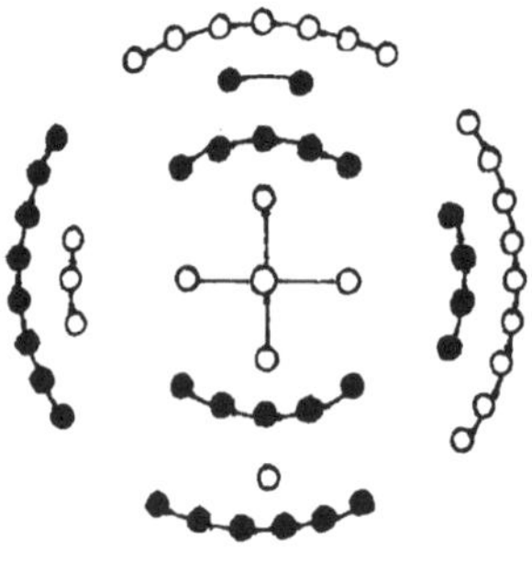

河圖

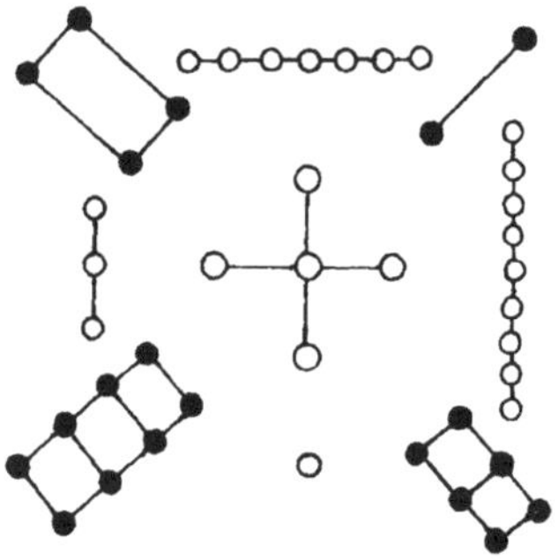

洛書

慎終追遠

這裡的「法」即效法和沿襲之意，所以「法祖」也就意味著效法和沿襲祖宗之法。從另一個角度講，這實際上是對祖先設定了苛刻的條件，即要求這個祖先應該具有無可置疑或顛撲不破的可「法」性。

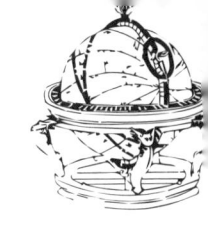

一種理論在多大程度上影響了人們的生活，取決於其在多大程度上接近了知識或道德的極限。

這使我們想起了1930、1940年代電影中，女主角從國外回來的父親：他西裝革履，留著仁丹鬍，手持文明棍，頭上彷彿罩著光環，理智公允，氣度非凡。嘴裡說著一大堆似是而非、張冠李戴、不知所云的西方哲學、科學或文化學的名詞，彷彿集知識、道德與文明於一身。甭管他在歐洲算老幾，反正在當時就是一個權威。

智叟

中國人「敬天法祖」的傳統，差不多就是在這一刻動搖的。

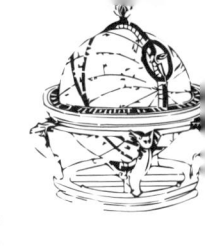

我們之所以這樣描繪這些「權威」，是因為他們在為我們引進「進步與發展」所必需的實證科學之餘，差不多也將中華文化作為一個「落後」與「過時」了的文化來處置，而不是作為一個生態的、具有超越性的大尺度文化來對待。

不好意思，這也算是「歷史的局限」。

比如他們以西方「自由與民主」的價值觀為唯一的價值觀，「人工開物」的科學為唯一的科學，從而得出中國既沒有科學、也沒有民主的結論，並且賦予其道德內涵，將其意識型態化。

所謂「科學」，是人類用以揭示事物發展規律、探求客觀真理的一門學問。

科學

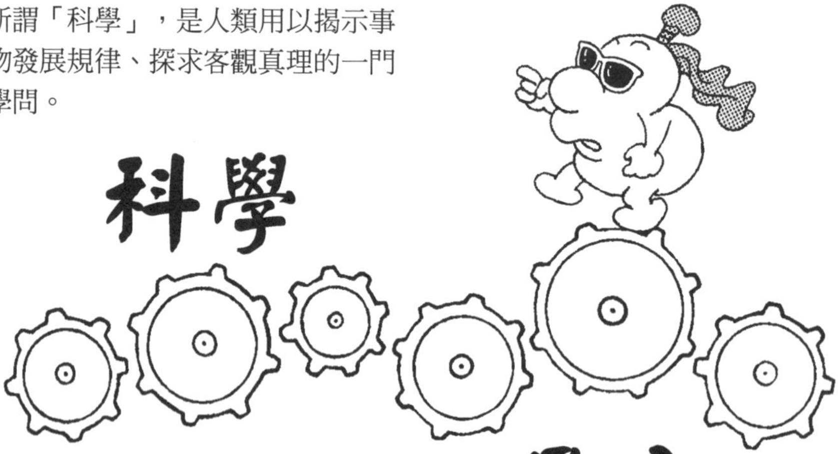

民主

而所謂「民主」，說到底不過是一種制約機制，它的功能是保障每個人在團體中的基本自由與權利，然後透過轉嫁危機，使其系統得以正常運轉。

假如我們在第二節所提及「中國辯證科學是基於整體論的一門科學」的論斷能夠成立，那麼它所派生的文化也應該是毋庸置疑的。也就是說，中國不僅具備用以揭示事物發展規律、探求客觀真理的學問，也不乏一套與之相應的保障機制。只不過，它所處理矛盾的方式，並非透過「轉嫁」，而是透過「家」的功能來化解；而個人的尊嚴與價值，則是透過「禮」的規範來實現的。

關於中西文化的制約與保障機制，我們已從本質上將其界定為還原論與整體論的分野，在第十一節中另作了說明。此處僅從「法祖」的層面，對支持中西兩種科學體系再作一個簡要比較：

目標

終極真理

辯證科學，以「天工開物」為原則，以「功能」作為其統一場的基本單位；

實證科學，以「人工開物」為方法，以「結構」作為其統一場的基本單位。

在「天人合一」的宇宙觀原則下，我們的祖先透過望聞問切、司外揣內、由表及裡、由此及彼的方法，在「立竿見影，以正農時」、探索天地相對運動的過程中，以勾股定理為支點，以時間與空間為坐標，將萬事萬物依其功能統一了起來，建立了邏輯嚴謹的「象」與「數、理」合一的說理模型。

也就是說，我們不但有「科學」，即「天工開物」之科學，並且早已在理論上完成了其建樹；我們所缺乏的僅是「人工開物」的那一種「科學」。而在中華文化中，這一種科學不過是因其邏輯悖亂、經不起大尺度時空檢驗而被自然淘汰的體系而已。

抱甕丈人

與此同時，西方文明則從「天人相分」出發，利用放大鏡與粒子對撞機等工具，採用實證，也就是還原論的方法，朝著宇宙的「終極真理」或「物理學的統一」目標不斷「發展」，並以其令人目眩耳聵的成就，深深地影響了人類的文明進程。

即以人為，而不是以自然而然為法則。

但是，就邏輯與理性而言，這一理論是經不起推敲的。正如美籍哲學家拉茲洛所說：「這是一種追溯癖，竭力追溯複雜現象和過程，直到最小最小的組成部分。」英國科學哲學家波普爾更是一針見血地指出：這是一種「既不能夠也不需要作進一步解釋的一種解釋」。

比如「一尺之棰，日取其半，萬世不竭」，粒子微小至「普朗克常數」的範圍時會顯示出波的特性，變成「上帝粒子」。因此，不論這種「進步與發展」在價值層面上是否成立，它都注定在實證科學領域中不可能有「可法之祖」的存在。

所以，不僅上述電影中那位女主角的父親擔當不起如此厚望，即便是當時在歐洲首屈一指的愛因斯坦，也無法承載這樣的期待。因為愛因斯坦同樣未能完成物理學的統一——即宇宙的終極真理，因此在實證科學中，他的角色是推動科學發展，而非成為後人效法的對象。這正是建立在還原論基礎上的實證科學所固有的缺陷所致。

而以《黃帝內經》為代表的中華整體科學體系中，黃帝之所以經得起中國人長久的膜拜與感恩，正在於他從整體論的高度完成了這個「物理學的統一」。至少到目前為止，尚無任何理論能夠推翻或替代黃帝時期發端的哲學思想。即便有人試圖推翻，也僅僅是基於實證科學的觀點，將其貶為「樸素」。但如前所述，我們已經證明，它不僅不「樸素」，反而是在「天工開物」意義上已趨近極致的理性法典。

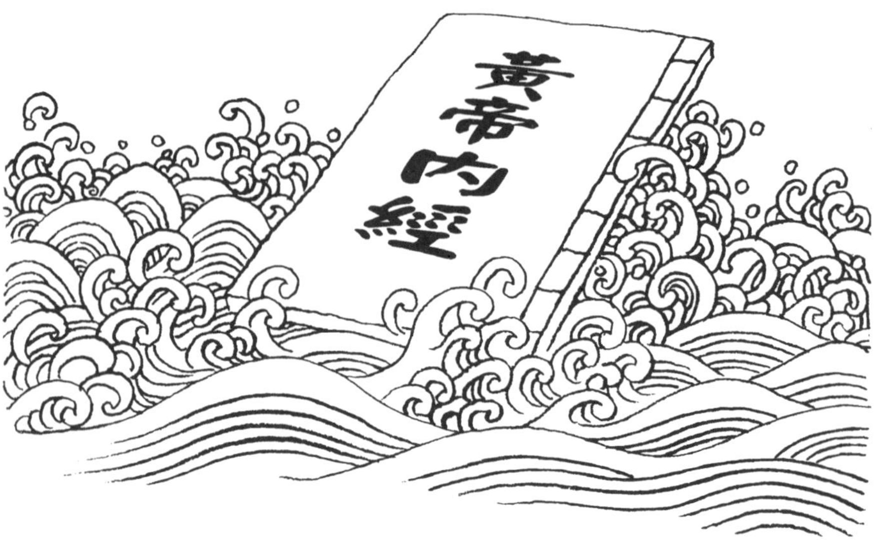

以中醫藥食為例，隨便翻閱一本《本草綱目》，即可發現，在「天人合一」（亦即「自組織」）的前提下，它已將自然界中所有可知的生物、礦物乃至動物，依其「四氣五味」及「寒涼溫熱」等功能屬性，納入中華文化的說理模型中，理論上已無所謂「進步與發展」的空間。

也只有一種不存在「進步與發展」空間的理論，才能為我們提供一個常態且具有超越性的文化基礎，並由此構成中華民族飲水思源、慎終追遠的文化傳統。

結語

一切所謂「零和」與「雙贏」的規則，相較於「天圓地方」的原型與理論，不過具有「摸著石頭過河」的暫時性意義。

漫畫易經

全球第一本用漫畫解析萬物無窮變化的哲理，
讓你一看就懂！

《易經》是中國古代一部神祕的著作被儒家尊為群經之首，是我國最古老的一部占筮書，同時也是一部凝結著遠古先民睿智卓識的哲學著作。有人說它可以趨吉避凶，有人說它可以預卜未來，這部上古就出現的聖書究竟有何魔力能夠歷經數千年而越發令世人稱奇？

以「1」（陽爻）與「0」（陰爻）兩個元素的交叉組合解構自然萬物的《易經》，幾千年來，被廣泛地運用在政治、經濟、軍事、天文、地理、人文、科學、哲學等領域中，也因此被認為猶如天書般，很難理解。《漫畫易經》採通俗、生動的圖文，化簡為易，全面詮釋了河圖、洛書、八卦及六十四卦的起源與原理，另對易學產生的背景和中醫養生學也做了翔實的考證。周春才所編著之《漫畫易經》，採用漫畫圖解方式將《易經》中無窮變化的卦象、不易通透的神祕性轉化為實用性，實為了解易經的入門教材。

國家圖書館出版品預行編目資料

圖解天圓地方 ： 從河圖洛書到當代思辨 / 周春才作
．——二版——新北市：晶冠出版有限公司，2025.08
面；公分．——（薪經典：27）

ISBN 978-626-99005-6-5（平裝）

1. CST: 中國文化

541.262 114009758

薪經典 27

圖解天圓地方
從河圖洛書到當代思辨

作　　者　周春才
行政總編　方柏霖
副總編輯　林美玲
封面設計　黃木瑩
出版發行　晶冠出版有限公司
電　　話　02-7731-5558
傳　　真　02-2245-1479
E-mail　ace.reading@gmail.com
總 代 理　旭昇圖書有限公司
電　　話　02-2245-1480（代表號）
傳　　真　02-2245-1479
郵政劃撥　12935041 旭昇圖書有限公司
地　　址　新北市中和區中山路二段352號2樓
E-mail　s1686688@ms31.hinet.net
印　　製　福霖印刷有限公司
定　　價　新台幣350元
出版日期　2025年8月　二版一刷
ISBN-13　978-626-99005-6-5

※本書爲改版書，
原書名爲《漫畫陰陽學之天圓地方》。